Hablemos

CONSULTORIO PAIDÓS

DIRECTORA DE COLECCIÓN: **Marcela Luza**

Elvira Giménez de Abad

Hablemos del divorcio

Sugerencias para padres
que se separan

CONSULTORIO PAIDÓS

Giménez de Abad, Elvira
   Hablemos del divorcio : sugerencias para padres
que se separan. - 1a ed. - Buenos Aires : Paidós, 2008.
   160 p. ; 20x13 cm. - (Consultorio Paidós)

   ISBN 978-950-12-4801-2

   1. Autoayuda. 2. Relaciones Familiares. I. Título
   CDD 158.2

Cubierta de Gustavo Macri

1ª edición, 2008

Para contactar a la autora: coppsi@fibertel.com.ar

© 2008 de todas las ediciones
   Editorial Paidós SAICF
   Defensa 599, Buenos Aires
   e-mail: difusión@areapaidos.com.ar

Queda hecho el depósito que previene la Ley 11.723
Impreso en la Argentina - Printed in Argentina

Impreso en MPS
Santiago del Estero 338, Lanús, en marzo de 2008
Tirada: 4000 ejemplares

ISBN 978-950-12-4801-2

Índice

Capítulo 1. La familia se desarma

Capítulo 2. Contener, escuchar y explicar

Capítulo 3. Cuando todo cambia

Capítulo 4. Familia ensamblada

A María, quien estuvo cerca siempre.
A mi familia por estar allí.
A mis padres, de quienes aprendí acerca de la
importancia del diálogo comprensivo.
A mis queridos pacientes, quienes con su dolor me
impulsaron a escribir: Micaela, Eric, Gonzalo G.,
Martín S. L., María Eugenia, Francisco M., Ana, Eleo-
nora, Deborah, Ignacio, Lourdes, Benjamín, Federico,
Hernán, Mauro, Ramiro M., Delfina A., Miranda,
Valentina, Javier, Pedro L.; y a sus padres y madres, que
me permitieron acompañarlos.
A todos y cada uno de los integrantes de la Editorial
Paidós por su dedicación y el afecto con el que me
trataron. A Gabriela, quien con su gran capacidad y
entusiasmo me alentó a escribir nuevamente.

Introducción

Aquí estoy, escribiendo otra vez para los padres y madres de nuestro tiempo. Un tiempo globalizado, difícil y duro para las familias con hijos pequeños o adolescentes. Y, de nuevo, mi intención es que lo que escribo llegue a los niños a través de sus padres, ya que si los adultos se toman un momento para reflexionar y elaborar las situaciones complejas, los más beneficiados serán sus hijos.

El sufrimiento que atraviesan los niños y adolescentes cuyos padres se divorcian puede ser muy grande si los adultos no se conducen adecuadamente... pero puede ser menor si se sienten cuidados y respetados durante el proceso. Debo decirles que han sido los niños quienes me incitaron a escribir: los hijos de padres separados y de padres que están por separarse, y también algunos padres y madres divorciados. El dolor y la desorientación de todos ellos han sido mi estímulo y guía.

La tarea de ser padres en la posmodernidad ya es complicada en sí misma. Corren tiempos difíciles para todos, pues las urgencias desplazan lo importante y los valores parecen tambalear o desaparecer. Los roles se confunden, la autoridad trastabilla o se transforma en autoritarismo. No hay tiempo, todo se precisa para ayer, todo debe ser inmediato. El espacio para la reflexión, para pensar qué nos está pasando se achica o desaparece. Si a todo esto, además, le agregamos un divorcio, las dificultades aumentan con creces.

Pero estoy convencida de que podemos hacer que nuestra vida y la de nuestros hijos sea un poco mejor, aunque la familia esté transitando un camino tan difícil como el de la separación. Es mi deseo colaborar con ustedes para que logren aliviar todos aquellos sentimientos que han surgido en la familia a partir de la ruptura matrimonial. Que al leer este libro puedan verse reflejados en algunas de las situaciones que planteo y sentirse un poco menos solos en lo que se refiere al divorcio y a los hijos. Que puedan encontrar un camino para que los niños estén mejor; para que la ruptura de ustedes no los quiebre a ellos. Que la separación no interfiera para siempre en su desarrollo, en sus aprendizajes, en su conducta y en la formación de su propia familia en el futuro.

El dolor de ver que mamá y papá ya no van a estar juntos existe, es inevitable. En este libro intento proponerles algunas sugerencias para aliviarlo. Es probable que se sientan identificados con varias de las situaciones que se plantean y que, tal vez, sientan que no procedieron de la forma más "adecuada". No se preocupen: siempre se puede retomar el camino y elegir uno que acorte la distancia con nuestros hijos. Ustedes se merecen el alivio y ellos sin duda lo necesitan.

Capítulo 1

La familia se desarma

Si te postran diez veces, te levantas
otras diez, otras cien, otras quinientas:
no han de ser tus caídas tan violentas
ni tampoco, por ley, han de ser tantas.

ALMAFUERTE

1

Razones para la unión

Casi todas las parejas que deciden unirse, lo hacen por decisión propia. Por lo menos en nuestros países ya no se realiza la compra-venta de señoritas para casarse con hijos de señores feudales. Afortunadamente no existen esas situaciones en las que el dinero tiene un papel preponderante... bueno, eso creo.

Enamoramiento, ideales en común, proyectos de vida similares o complementarios. Criterios compartidos, idealizaciones mutuas, amor, deseo, atracción. Hay cientos de motivos por los cuales las parejas deciden unirse. También podemos incluir en esta enumeración el "apuro" –me refiero a las parejas que quedan embarazadas y deciden casarse sin tener tiempo para pensarlo– que aunque parezca de otras épocas, sigue sucediendo. En otros casos, la razón para buscar el matrimonio es el deseo de abandonar la casa de los padres o, también, el hecho de llegar a determinada edad y creer que "es hora de casarse", sólo por una cuestión de almanaque.

En todas las situaciones de la vida hace falta pensar para entender y estar seguros de lo que hacemos. Pero en los tiempos que corren podemos observar a diario la dificultad de muchas personas –de cualquier edad– para detenerse a reflexionar acerca de algún tema, ya sea importante o banal. No hay tiempo, el apuro nos gana. Todo es impostergable, hay que hacerlo, hay que responder, hay que mostrar un resultado, y parecería que no importa cómo. Y así como ocurre, por ejemplo, en la escuela –donde la mayoría de los alumnos no revisa si lo que escribió o resolvió es correcto, si hay errores, si tal vez algo se pueda modificar–, así sucede muchas veces en la vida. Existen parejas que se forman de este modo y también tienen hijos así: sin pensarlo demasiado.

Por fortuna, éste no es siempre el caso. También existen muchas parejas que dan espacio a la charla, a la reflexión y se convierten en matrimonios sólidos. Otras parejas comienzan con gran inestabilidad y logran cambiar el rumbo de la relación a lo largo de los años.

2

¿Qué es una familia?

Recuerdo una antigua definición de familia que cita el diccionario Littré: "Conjunto de personas de la misma sangre que viven bajo el mismo techo, particularmente padre, madre e hijos". Creo que hoy en día la expresión "de la misma sangre" es insuficiente, pues hay muchas familias constituidas con hijos adoptivos que, sin duda, son familia. Del mismo modo en que actualmente se aceptan las familias monoparentales (que sólo tienen al padre o a la madre a cargo) o las ensambladas (formadas con hijos de matrimonios anteriores).

Sin embargo, hay ciertas características que una familia debe reunir. Debe ser el puerto que ofrece seguridad, aceptación y espacio para el desarrollo personal. En una familia, la madre y el padre aceptan al hijo, más allá de lo que éste sea. El hijo se siente amado aunque, a veces, los padres no estén de acuerdo con lo que hace. La seguridad que debe dar la familia se logra cuando los niños encuentran afecto, comunicación y estabilidad. Cuando un niño se siente libre para expresar y transmitir sus sentimientos, estamos frente a un niño que muestra seguridad. Los adultos son los responsables de escuchar a ese niño; él tiene derecho a ser escuchado y los adultos deben hacerlo si desean que, en el futuro, sea un individuo seguro de sí mismo.

Pero los padres deben promover el desarrollo personal de todos los miembros de la familia. Es decir que también deben promover el crecimiento, la seguridad y el amor entre ellos. La pareja debe estimular el crecimiento individual y el desarrollo de las capacidades de cada uno.

Este rápido repaso de las funciones que debe cumplir la familia tiene una intención: es muy importante que los padres sepan que, si bien la estructura familiar se rompe cuando se produce un divorcio, las funciones de los progenitores continúan. Es más, es deseable que los adultos redoblen el esfuerzo por lograr que los niños sean dañados lo menos posible.

Además, quiero destacar que la tarea de brindar seguridad, amor y comprensión así como la de favorecer la comunicación y la expresión de los sentimientos, no es tarea de uno solo de los progenitores. Es tarea de ambos, no importa si están juntos o separados. Lo ideal es que tanto el padre como la madre estén comprometidos con esta misión para con los hijos.

3

La unión se desata

Tanto en los tribunales de familia como en los consultorios de terapeutas de pareja se puede encontrar un sinnúmero de causas o motivos de separación: intolerancia, crecimiento desigual en lo intelectual, emocional o laboral, maltrato, abuso y violencia; infidelidad; falta de diálogo; insatisfacción sexual, imposibilidad de tener hijos, diferencias de criterio a la hora de la educación de los hijos... También existen parejas que ante la más mínima contrariedad eligen separarse, son parejas inmaduras, que no poseen tolerancia a la frustración, les falta capacidad de espera, de reflexión.

La lista puede ser larguísima, pero siempre existen indicios previos de los problemas que desatan la unión. Tal vez uno de los miembros de la pareja –o ambos– creyó que se podrían modificar con el tiempo o que no eran tan importantes. Seguramente faltó en ese momento una conversación franca acerca del tema, un diálogo maduro y profundo sobre aquellas cuestiones que incomodaban. Los problemas se fueron dejando para después y, sin darse cuenta, crecieron y crecieron. La ilusión de que el tiempo cambiaría las dificultades no es más que eso: una ilusión. El tiempo solo no ayuda, lo que puede ayudar es lo que cada persona hace durante ese tiempo.

Ahora bien, si se aclararan los nubarrones, cedieran las tormentas y reinara la paz, tendríamos la temática de otro libro y sería facilísimo "hablar con los hijos". Existen muchas parejas que logran mantener una relación auténtica durante toda la vida, de forma genuina, pero suelen trabajar duro y en conjunto. Otras, continúan unidas por conveniencia, por comodidad o por problemas económicos. Otras, eligen seguir juntas pero siendo infieles.

Pero también hay matrimonios que, a pesar de muchos esfuerzos, no logran encaminarse en una misma dirección y así sobreviene la separación. Llegamos entonces al motivo por el cual escribo este libro. Sea cual fuere la razón por la que la pareja decide poner punto final a la relación, estamos frente a la separación.

4

La decisión está tomada

Es posible que la forma de la separación varíe, es decir, puede que lo hayan decidido en conjunto y que estén ambos de acuerdo, o que uno de los dos cónyuges haya decidido terminar con la pareja, estando o no de acuerdo la otra parte, o, también, que uno de los miembros haya decidido abandonar todo e irse lejos, sin comunicarlo ni a la pareja ni a los hijos. Existen tantos estilos de separación como tipos de pareja.

Muchos son los factores que influyen en los efectos que la separación causa en los hijos; no obstante, las investigaciones confirman que la variable más importante es el nivel de conflicto que existe entre los padres antes o después de producida la ruptura. Se ha comprobado que cuando los conflictos de pareja se "ventilan" en presencia de los hijos, los efectos negativos en la conducta de los niños son mucho más severos.

Claro que también hay casos en los que las parejas no discuten ni pelean delante de los hijos y, por lo tanto, los niños no entienden cuando los padres les dicen "nos llevamos mal". Ahora bien, aun cuando no haya discusiones delante de los niños, si hay problemas es probable que el clima familiar sea tenso y poco amigable. Los niños tienen algún indicio. Notan claramente los momentos de pesadumbre, los silencios elocuentes y las caras raras.

Por cierto que si la pareja no tiene hijos todo es más fácil. Digo más fácil ya que, al no haber niños, hay un aspecto menos que provoca pena. Es doloroso enfrentar una separación aunque ambos estén de acuerdo. Es doloroso aceptar que se fracasó en el intento, que no se pudo cumplir con lo que se soñaba, que aquel camino trazado, ahora deberá ser recorrido en forma individual y que, tal vez, haya que comenzar de nuevo. Y si esta herida no cicatriza adecuadamente, habrá muchos temores al iniciar una nueva relación.

Pero aquí estamos. Los adultos tomaron la decisión: papá y mamá se separan. Los trámites legales son más o menos conocidos, hay mediaciones y "tironeos" relacionados con lo económico y con los bienes materiales, pero estos trámites son mucho más fáciles de resolver que el hecho de enfrentarse con los hijos y hablarles del tema.

En mi experiencia en el trabajo con niños de padres separados o divorciados, he podido observar que algunas etapas suelen repetirse antes de llegar al divorcio. Estas etapas están relacionadas directamente con las características de cada pareja y familia. En cada caso tienen una duración diferente y presentan distintos modos de transición.

Existe, en general, un período de pre-ruptura, es cuando se percibe una manera diferente de comunicación: hay enfrentamientos, reproches, muchas críticas entre los cónyuges, aparece el distanciamiento emocional. En determinado momento uno de los integrantes o ambos toman conciencia del conflicto. Llegado a este punto puede darse una redefinición de la relación –un intento de reparación de la misma–, o bien puede producirse la ruptura. Uno de los dos abandona la casa que compartía con la familia. Luego de esta etapa comienzan a elaborar la situación de duelo. Harán mínimos acuerdos y puede o no producirse el divorcio legal.

Comienza aquí una etapa muy difícil que es prepararse para la nueva organización familiar. Ambos progenitores necesitan un alto nivel de elaboración y reflexión para continuar con las obligaciones que deben llevar a cabo como padres.

5

Algunos "datos duros"
Estudios indicadores de los efectos del divorcio en los distintos miembros de la familia

En un estudio realizado en los Estados Unidos, J. Wallenstein, E. Corbin y J. Lewis[1] recopilan información acerca de un seguimiento realizado a 131 niños y adolescentes de 60 familias, que fueron estudiados durante un mes y medio en torno al momento de la separación. Cada uno de ellos fue nuevamente examinado 18 meses después de la separación, y luego, dos veces más a los cinco y a los diez años.

1. "Children of divorce. A ten years study", en Hetherington, E.M. y Arastach, J.D., *Impact of Divorce, Single Parenting and Stepparenting on Children*, Nueva Jersey, Lawrence Erlbaum, 1988.

En los hijos

En los niños en edad preescolar se observó una gran irritabilidad, conductas regresivas, angustia de separación y temor de ser abandonado por ambos progenitores. Eran los miembros de la familia más afectados.

En la evaluación realizada a los dieciocho meses del divorcio, la mitad del grupo presentaba más problemas emocionales y de conducta que al comienzo. Esta situación era más visible en los varones que en las niñas. La evaluación a los cinco años reveló que algunos niños habían logrado cierto ajuste psicológico, éstos eran los que vivían con uno de los progenitores y con una familia reconstituida. Un número importante de niños estaba padeciendo depresión.

De la evaluación efectuada a los diez años (cuando los niños ya tenían entre 12 y 18 años de edad), se observó que la mayoría estaba funcionando adecuadamente en la escuela. Sólo un grupo menor añoraba la época en que vivían todos juntos.

Los niños que tenían entre 9 y 18 años en el momento en que sus padres se separaron se mostraron muy asustados frente a la situación. Establecían alianzas con uno de los progenitores y el rendimiento escolar resultaba muy bajo. En los adolescentes aparecieron reacciones depresivas agudas y problemas de conducta con tendencia al aislamiento.

A los dieciocho meses del divorcio, se notó un deterioro emocional en aquellos niños que, al comienzo, parecían no haber sido afectados. El rendimiento escolar había descendido y presentaban más problemas de conducta. La evaluación realizada a los cinco años reveló mayor estabilidad emocional y una vida sin conflictos parentales.

La conclusión señalaba que, diez años después, la separación de los padres había sido un hecho muy significativo en sus vidas. Predominaban los sentimientos de tristeza y resentimiento. La mitad de este grupo continuó estudiando y un tercio se sostenía con independencia en lo económico, pero la mayoría manifestaba tener temores a ser abandonado o engañado si iniciaba alguna relación de pareja. A la vez, casi todos creían en los matrimonios estables, la fidelidad y el amor romántico.

Según los resultados de esta investigación, se puede decir que los niños muy pequeños son los que más sufren en el momento de la separación, pero la carga psicológica negativa será menor en su desarrollo posterior.

En los cónyuges

El estudio –que, recordemos, fue hecho en los Estados Unidos– revela que, en los adultos, el divorcio aumenta el riesgo de sufrir problemas físicos y psicológicos. Son frecuentes las manifestaciones de labilidad emocional, depresión, rabia, angustia, sensación de fracaso y culpa. Esta gran conmoción tiende a desaparecer a los dos años, aunque hay grupos donde se observan consecuencias a largo plazo (una tendencia al alcoholismo, mayor vulnerabilidad a las enfermedades).

Una separación acarrea siempre la pérdida del estilo de vida acostumbrado, distorsiona la imagen de uno mismo y afecta la relación con los demás. Según este mismo estudio, en el 66% de los casos sólo uno de los dos miembros de la pareja lograba mejorar su calidad de vida después de la separación. Las posibilidades de formar una pareja nueva estaban relacionadas con la edad: aquellas mujeres que en el momento de separarse tenían 40 años o más estaban en desventaja a la hora de reconstruir su vida amorosa.

Algo que llamó la atención de los investigadores fue la escasa capacidad de los adultos para reconocer la propia contribución al fracaso del matrimonio. Aceptar la propia responsabilidad no es una tarea sencilla, para llegar a este tipo de aceptación es necesaria una gran capacidad de reflexión y una buena dosis de autocrítica.

Esta investigación habla de una dura realidad que conviene conocer. Aunque uno ya haya tomado la decisión de separarse, es importante conocer esa realidad y tenerla en cuenta llegado el momento, para que el daño no sea irreparable, para que los adultos se detengan a reflexionar acerca de cómo hablarles a los niños del divorcio. Ésta es la idea que proponemos: que traten de detenerse a reflexionar un instante. El momento por el que atraviesan no es de los mejores, pero tampoco es de los peores. Sólo hace falta una dosis de reflexión para cuidar a los niños en estas circustancias.

Capítulo 2

Contener, escuchar
y explicar

*No les eviten a sus hijos las dificultades
de la vida, enséñenles más bien a superarlas.*

Louis Pasteur

1

¿Qué sienten los hijos?

La separación matrimonial es una situación desafortunada en la vida de las personas. Su impacto emocional afecta a toda la familia, aunque cada uno de sus miembros lo viva de acuerdo a sus características personales. Pero, sin lugar a dudas, los que más sufren son los hijos, pues ellos desean tener a sus padres juntos.

Para cualquier niño, la relación más importante es la que tiene con su papá y con su mamá. Son ellos quienes conforman su familia, su refugio, los que lo protegen del mundo que lo rodea: un mundo que lo asusta, lo sorprende y lo confunde. Son los padres quienes lo ayudan a definir su personalidad, ya que son las primeras personas con quienes puede identificarse. La familia no es una mera suma de personas: es su espacio de pertenencia y él pertenece a ella. La familia es su referente seguro, es su primer "laboratorio" de vida, lo ayuda a desarrollarse y a crecer. Por lo general, la familia ofrece un equilibrio que le da estabilidad y lo ayuda a madurar.

¿Pero qué sucede cuando ese equilibrio se altera porque papá y mamá se separan? Todo cambia. En un primer momento, la estabilidad se diluye de manera drástica.

Por lo general, cuando una pareja decide separarse –sea cual fuere la razón y el estilo– los niños experimentan una gran conmoción. La forma de manifestarla, por supuesto, puede ser muy variada. Ante todo, los padres deben tener claro que sus hijos sienten y piensan de una manera muy diferente a la suya. Sus pensamientos son simples y no admiten términos medios: las cosas son blancas o negras, buenas o malas. También es común en ellos el "pensamiento mágico", la creencia de que son ellos mismos quienes provocan las situaciones. Por eso, es bastante común que se atormenten sintiéndose culpables y pensando que ellos no pudieron hacer nada para evitar la separación.

Dicho esto, podemos hacer un pequeño punteo de posibles formas de reacción de los niños:

- La noticia puede provocar repercusiones físicas como dolores de cabeza, malestares estomacales, vómitos, fiebre, etc.

- También suelen sentir mucha tristeza y lloran con facilidad. Les preocupa saber cómo seguirá la vida de ahí en más.

- Algunos niños reaccionan de forma agresiva. Es probable que estén muy angustiados y enojados, y que expresen sus sentimientos a través de la furia, la ira o la irritabilidad. Sienten que "no es justo" y son capaces de decir cosas terribles como: "Yo no les importo, no hacen nada para seguir juntos. No quiero ir de un lugar a otro… ¡Los odio!". Pero en ningún momento hay que olvidar que, en el fondo, se sienten muy vulnerables, inseguros y temerosos.

- Otros sienten vergüenza: muchos niños demoran un tiempo largo en comentar el divorcio con compañeros, amigos o docentes, ya que lo sienten como un fracaso.

- También están los que dicen que no sienten nada, que no les importa nada. Es tan grande el dolor que hay niños que quedan paralizados y fijados a ese momento y les cuesta mucho continuar con su vida cotidiana, ir a la escuela, a casa de los abuelos, etc. Se los ve como si estuvieran ausentes.

- En algunas ocasiones, los niños sienten un verdadero alivio, ya que al menos se disolvió la tensión más urgente que los rodeaba y "no hay más gritos entre mamá y papá".

- Tarde o temprano, todos los niños sienten mucho miedo. Miedo a quedarse solos, a ser abandonados, a no poder seguir la vida sin que los dos padres los acompañen siempre. Extrañan mucho y sienten que ya no son importantes para los adultos. Los ven a ellos muy ensimismados en sus propios conflictos y, a veces, incluso se sienten rechazados.

En cualquier caso, es importantísimo que los padres se muestren y actúen de manera muy protectora y cuidadosa con sus hijos, que les den todo el cariño que puedan y atiendan a la más mínima dolencia que manifiesten. Lo ideal sería que pudieran dar explicaciones y aclaraciones hasta el cansancio, consolarlos y acompañarlos en sus tristezas. Es fundamental que los niños sientan que, a pesar de todo, mamá y papá están ahí junto a ellos.

A esta altura ya está claro que los niños sienten muchísimas emociones frente al divorcio de los padres. Pero la más fuerte es, probablemente, el sentimiento de abandono. Los hijos sienten que no han sido tenidos en cuenta, que, al divorciarse, los padres no han pensado en ellos. En casos normales, poco a poco irán elaborando la situación y aceptarán que ni papá ni mamá han dejado de quererlos. Pero lleva tiempo.

Hay casos en los que este sentimiento no desaparece nunca, puesto que los padres no se ocuparon de los niños como es debido. A estos niños les ha faltado el afecto, la estimulación y el interés de los padres por sus sentimientos. Obviamente, se sienten abandonados.

El cuidado de los detalles es fundamental para que los niños no se sientan olvidados. Una situación común: el adulto que no convive con el niño promete ir de visita y no cumple. Esa promesa incumplida hace que el niño se sienta dejado de lado. Si esta situación se repite, el niño terminará por creer: "Yo no le intereso, no es verdad que me quiere tanto".

Si el pequeño se siente emocionalmente lejos de alguno de sus padres, ya sea porque extraña al adulto que dejó la casa familiar o porque mantiene una relación poco afectiva con aquel con quien convive, su angustia crece y puede llegar a enfermarse físicamente para recibir un poco de atención. En estas situaciones, el niño se siente rechazado, abandonado y solo. Esto –como es natural– lo perturba y lo angustia. A veces, es él quien decide alejarse de sus padres, para así evitar la sensación de ser rechazado. Tengan en cuenta también esta posibilidad si notan que sus hijos se aíslan demasiado.

Gonzalo, de 8 años, vivía con su mamá y su hermano de 11. Su papá se había vuelto a casar y tenía otro hijo de 3 años. Gonzalo me decía: "Yo no lo llamo a mi papá porque siempre me dice que viene a buscarnos y nunca llega. Cuando mi hermano lo llama, la mujer dice que está durmiendo la siesta, ¿entonces para qué nos dice que viene? Si a él no le importa vernos, ¡por lo menos que no mienta!". Estas palabras reflejan tristeza, dolor, desilusión.

2

Es hora de hablar con ellos

Las propuestas que siguen no son recetas, ya que no hay recetas para vivir, para ser padres y, mucho menos, para atravesar "airosamente" un proceso de separación. El momento de hablar con los hijos suele ser uno de los más dolorosos para los padres. ¿Qué les decimos, cómo, cuándo? ¿Decimos la verdad o no? En las consultas, éstas son las preguntas que más escucho.

Es preferible que, hasta que la pareja no tenga la decisión tomada, no mencione el tema frente a los hijos. Los niños necesitan entender la situación con claridad, para luego poder procesar la información y elaborarla. Si ellos tienen datos vagos y ambiguos, lo que sucede es que suponen e imaginan cosas, y, al no tener todos los elementos, se angustian y no saben a qué atenerse.

Hablar con claridad acerca del divorcio o la separación es la mejor opción, aunque duela. Diciendo la verdad los padres están aliviando en gran medida el dolor de los hijos. Sólo así evitan la confusión, las dudas, las sospechas y las ilusiones falsas. Si bien la verdad es dolorosa o triste, puede tener remedio y no necesariamente deberá ser traumática.

Es muy importante pensar, antes y en conjunto, cómo se hablará con los hijos sobre el divorcio. También es aconsejable que los padres se lo comuniquen juntos, que se turnen al hablar y que tengan pensado de qué temas se ocupará cada uno. Seguro que los hijos harán muchas preguntas que los adultos deberán responder con la verdad y, si hay alguna respuesta que todavía no tienen en claro, lo mejor es que admitan "no lo sabemos todavía".

Es preferible no utilizar frases como "ya veremos cómo lo hacemos" o "decidiremos sobre la marcha". Estas respuestas generan ansiedad e inseguridad. Lo ideal es decir que lo están pensando, que pronto lo van a resolver y les darán una respuesta. Los niños necesitan poder prever qué sucederá.

Ustedes, padre y madre, tendrán que estar preparados para la tristeza y el llanto de los chicos. Si la situación es dolorosa para los adultos, tendrán que redoblar el esfuerzo y la fortaleza para sostener a los niños.

Conviene tener muy claro que existen temas "de grandes" en los cuales los niños no pueden ni deben tener injerencia. Responder o dar explicaciones con sinceridad no quiere decir, por ejemplo, hacer partícipe al hijo de las luchas de poder o de otros detalles que no tienen por qué saber. Cuando se trata de hijos más grandes, es importante aclararles que a veces los adultos se confunden y hablan con ellos sobre temas que no les competen, pero que no debería ser así. Tal vez sea útil pedirles a ellos que se "despeguen" de esas situaciones. Ustedes, padre y madre, deben tener bien claro que a ellos no se los debe involucrar.

Por otro lado, es conveniente que en el momento en que hablen con sus hijos, los padres tengan resuelto cómo continuará la vida de todos una vez separados. En especial, cómo continuarán las actividades de los niños: quién los llevará o retirará de la escuela, si es que podrán o no seguir con sus clases y cursos, quién los ayudará con sus tareas, cómo, cuándo y dónde verán al adulto que ya no vivirá con ellos. También necesitarán saber que es posible que haya algunas cosas que no podrán seguir haciendo o teniendo. Tal vez la economía familiar sufra por el hecho de tener que sostener dos hogares. Es necesario que los niños entiendan con claridad que habrá mayores gastos, pero el mismo ingreso y que, por lo tanto, las medidas de ahorro que se tomen no tendrán que ver directamente con ellos.

Por último, es fundamental aclarar con firmeza que tanto papá como mamá entienden que esta decisión es muy dolorosa para toda la familia, pero que ya está tomada y no hay nada que los niños puedan hacer al respecto. Recuerdo aquí a un paciente de 10 años, cuyos padres se habían separado. Tenía dificultades en el aprendizaje, comenzó a enfermarse con frecuencia, tenía resfríos, fiebre, trastornos digestivos, en fin, de todo un poco. Durante una sesión le pregunté si él sabía que nada se podía hacer para que sus padres volvieran a estar juntos. Él me respondió: "¿Usted no puede hacer nada?". "No", respondí, "ninguno de nosotros puede hacer nada, es algo que pasó entre ellos dos. Aunque te sigas enfermando, tampoco van a volver a estar juntos". Él, muy serio, me dijo: "¿Y si me muero tampoco?". Con este ejemplo sólo deseo mostrarles cuán fuertes son los sentimientos de los chicos y, en este caso, el deseo de que los padres vuelvan a estar juntos.

Es frecuente que, enfrentados al dolor de los hijos, los padres digan que la separación no es definitiva, que a lo mejor vuelven a estar juntos. Recurrir a estas excusas para evitar el dolor de los niños es un camino equivocado. Sólo provocará más dolor y ansiedad en ellos. Pero, incluso si los padres creen con sinceridad en esta posibilidad, conviene que les digan que la separación es definitiva, ya que de otra forma los hijos estarán ansiosos por el reencuentro de sus padres, que podrá producirse o no. Y si los padres volvieran a unirse, no sería necesaria una explicación: tendrían toda la alegría sin haber sufrido ansiedad ni angustia previa.

Traten de no desanimarse. Lo deseable es que puedan conversar de estos temas con sus hijos cada vez que ellos les pregunten algo, no importa las veces que sea necesario. La comunicación no es automática. Es un error pensar que todo se termina el día que comunicaron la separación. Al contrario: los niños protestarán, intentarán juntarlos, dirán que no entienden, que nadie les dijo nada. Harán todo lo posible para negar la situación. Y aquí está lo difícil: mantener la calma, guardar el dolor propio para aliviar el dolor del hijo. Sí, guardar el dolor propio, pues de nada servirá mostrarles a los chicos la pena que ustedes sienten en el momento en que son ellos los que necesitan consuelo, sostén y contención. No quiero decir con esto que los padres y las madres deban esconder su dolor o su tristeza, sin duda ésa sería una postura falsa. Pero resultaría ideal que pudieran ponerlos en un segundo plano ante las necesidades de sus hijos.

Cuando la separación ya se ha producido y los padres están viviendo en casas diferentes, la situación cambia. Tanto para mamá como para papá es más fácil manifestar sus sentimientos. Por ejemplo: "Hoy me siento triste, o enojado, ¿ustedes cómo están?". Esta actitud favorece la comunicación y permite que los niños también puedan expresar sus sentimientos.

A pesar de las mejores intenciones, los niños verán tristes a sus padres, tal vez llorando. Es posible que allí aparezcan nuevas preguntas, tales como: "Si estás llorando, ¿por qué se separaron?". Sería bueno que dieran respuestas honestas: la tristeza y el dolor tienen que ver con lo que no pudo ser, con lo que papá y mamá habían soñado y no lograron...

Pero cuando es el niño el que está llorando o se muestra angustiado, el dolor del adulto debe replegarse para sostener al niño. A veces podrán hacerlo, otras veces no... Mi sugerencia es que busquen ese camino.

Es sabido que los planteos más difíciles son recibidos por el adulto que quedó en la casa familiar. Suele ser la madre, aunque salga a trabajar, la que está en contacto durante más tiempo con los niños. Hay algunos casos excepcionales en los que, por el contrario, los niños se permiten expresar sus sentimientos más libremente con el progenitor con el que no conviven.

Será muy importante que tanto el padre como la madre desarrollen su capacidad para hacerse un espacio para escuchar a los hijos. Crear el tiempo y el clima propicio para que ellos puedan contar lo que les está sucediendo y lo que están sintiendo. Es difícil, sí. Pero como les digo siempre a mis pacientes: "¿Hay algo en la tarea de ser padres que no sea difícil? Nada".

También conviene tener en cuenta que si entre los padres no hay buen trato se vuelve más arduo hablar con los hijos, dar una explicación adecuada, equilibrada. Es evidente que si la familia se comunicaba con fluidez antes de llegar al período de crisis, también ahora será más fácil hablar con los hijos.

Por último, vale la pena aclarar que no es lo mismo hablar con un hijo único que con un grupo de hermanos. Cada niño es singular y único, sus necesidades son diferentes. Tal vez las conductas y explicaciones que sean útiles para uno, no sean suficientes para otro. Por ello, no es conveniente tratar a todos los hijos de la misma manera.

La forma de encarar la cuestión dependerá de muchos factores: la edad, el sexo, las características personales, el temperamento, la sensibilidad, la fortaleza interior, etc.

Cuando hay dos hermanos de edades similares (un año o dos de diferencia), es posible darles la información en forma conjunta. De todos modos, ésta deberá matizarse según las características personales de cada uno de ellos. Si, por ejemplo, uno es muy expresivo y al otro le cuesta más comunicar sus sentimientos, este último no tendrá oportunidad de poner en juego lo que siente, ya que su hermano ocupará todo el espacio.

Aquí será muy importante la habilidad y la sensibilidad de los padres, que son los únicos que pueden evaluar qué es lo más conveniente para cada hijo. También es factible dar la noticia a la vez a dos niños de edades similares y luego dedicarle un espacio especial, a solas, a cada uno.

Estrategias para hablar con los hijos acerca de la separación o el divorcio

- Lo ideal es adaptar el lenguaje a las edades de cada uno.

- No es aconsejable mentir.

- Es importante evaluar si se les hablará a todos los hijos juntos o por separado.

- Si la noticia de la separación será dada por los progenitores juntos es bueno definir previamente quién comienza a hablar y qué hará el otro mientras tanto.

- Si la noticia la dará uno solo, es bueno decidir cuál de los dos lo hará y qué dirá.

- Es deseable que en la charla los padres puedan explicar cómo seguirá la vida de los niños a partir de la separación, incluyendo todo lo que afecta a su vida cotidiana (vivienda, colegio, amigos, rutinas, etc.).

- No es aconsejable hablar de "una nueva pareja" en una primera etapa.

3

Según las edades

De 1 a 3 meses de vida

Está claro que no hay explicaciones para darle a un bebé de esta edad. Él sólo necesita satisfacer sus necesidades básicas: que le den de comer, lo cambien y lo sostengan en brazos. Pero tengan en cuenta que, por más pequeño que sea, percibirá sus estados emocionales y se sentirá más inquieto que lo habitual. Redoblen las muestras de cariño y afecto. Además, recuerden que, desde el principio, el niño necesita tanto a mamá como a papá. Criarlo es tarea de ambos padres, aunque estén divorciados.

De 4 a 10 meses

En esta etapa, el bebé percibe con claridad el clima familiar. Ustedes están pasando un momento desagradable, traten de que no lo sea tanto para él. Es aconsejable que mantengan las rutinas diarias del niño y que controlen sus propios estados de ánimo cuando estén con él. Alrededor de los 8 meses de edad, los bebés atraviesan una etapa de desarrollo conocida como "angustia de separación": sienten temores, no dejan ir a la madre, desconocen a algunas personas, lloran con más frecuencia tanto de día como de noche. Esta angustia se agrava en el marco de un divorcio, por lo que requerirá más paciencia de parte de ustedes.

De 10 meses a 2 años

A esta edad el niño ya tiene más autonomía, circula por la casa, se hace entender sin problemas y, aunque no domina por completo el lenguaje, comprende todo lo que se le dice. Es importante ser muy claros y directos con él, necesita una explicación anticipada de cada hecho. Por ejemplo, si el papá es el que se irá de la casa, es ideal aclararlo y además decirle que muchas veces lo vendrá a buscar, que irán juntos a un determinado lugar y que luego siempre lo traerá de vuelta. Es una manera de darle seguridad.

Tengan presente que a esta edad los niños manifiestan sus sentimientos a través de sus conductas y son ustedes los que deben estar alertas. Es importante notar si siente temor, si se enoja por algo, por ejemplo, y responderle calmándolo, dándole las explicaciones que necesita.

DE TRES A CINCO AÑOS

A esta edad los niños no pueden, todavía, expresar adecuadamente sus sentimientos. Es posible que los muestren a través de conductas regresivas como chuparse el dedo, lloriquear, negarse a comer o tener más gestos de capricho. A la hora de hablar, es aconsejable que sean muy breves y concretos. Por ejemplo, "mamá y papá ya no van a vivir juntos". En el caso de que sea el padre el que deja el hogar: "Papá se va a ir a otra casa y no va a dormir más en ésta".

Es necesario esperar unos instantes para ver cuál es la reacción. Luego, se puede agregar más información (que se seguirán viendo, que podrá visitarlo cuando él quiera). Es bueno hacer pausas para dar la posibilidad de que el niño exprese sus sentimientos (y hay que estar preparados para que sea con sollozos, lágrimas, enojo o preguntas). No se apresuren, deben darse tiempo a sí mismos y al niño. A veces, los adultos no soportamos mantener un silencio, pero es importante intentarlo. Es necesario esperar a que el niño procese la información: es muy pequeño todavía. Tal vez les diga cualquier cosa que no guarda relación con la información que ha recibido, pero conviene traerlo de vuelta al tema, diciendo por ejemplo: "¿Entendiste lo que te dijimos, que papá ya no vivirá más en esta casa?". Tal vez haya que repetirlo todo desde el principio. Ustedes pensarán que es mucho más fácil dar consejos sobre esto que hacerlo. No es fácil, lo sé. Pero la tarea de ser padres no es sencilla en líneas generales y se aprende a ser padre... siéndolo.

DE 6 A 8 AÑOS

A esta edad los niños lloran, se enojan, reclaman, preguntan, muestran necesidad de estar cerca del padre que ya no vive con ellos. Pueden pasar del inconformismo a la apatía o bien a la impaciencia, con mucha facilidad. Pueden presentar temores a enfermarse o a quedarse solos. Expresan dolores físicos. Cuestionan actitudes de los adultos, a veces pueden mostrarse desafiantes. Necesitan, como todos los niños, sostén y explicaciones claras y concretas. Una y otra vez.

DE 9 A 12 AÑOS

Expresan un enojo bien claro. Se muestran hostiles o agresivos con uno de los progenitores o con los dos. Pueden culpar a uno de ellos por la separación. Sin embargo, es probable que al poco tiempo responsabilicen al otro y que vayan fluctuando hasta que comiencen a aceptar la situación.

En estas edades conviene dar las explicaciones de acuerdo a lo que los hijos pregunten. Seguramente preguntarán mucho. También es necesario hacer pausas para que vayan procesando la información y expresen sus dudas y temores. En muchas oportunidades, los padres, en su afán de decirles todo a los chicos, hablan rápido y no pueden ver que el niño necesita más tiempo. Es posible que los adultos aceleren el diálogo para finalizar pronto una conversación que les produce angustia y dolor. Pero eso no ayuda, es como atragantarse con la comida: produce indigestión. En esta situación, demasiadas palabras resultan difíciles de digerir. Los padres tienen que esforzarse por estar calmados y hablar dando espacio a los niños.

LOS ADOLESCENTES

Los hijos en edad adolescente están viviendo una etapa difícil, todo en su vida se ha vuelto inestable. Aunque ellos protesten y renieguen de la vida familiar, necesitan –al igual que los niños más pequeños– estabilidad en casa. Es posible que ellos hayan presenciado discusiones, que sospechen o intuyan la situación que están atravesando sus padres. Esto puede simplificar la conversación, pero de ninguna manera anulará el dolor que provoca la certeza de la nueva situación.

Del mismo modo que los más pequeños, sin darse cuenta, harán alianzas con uno u otro progenitor. Esta conducta suele halagar al padre elegido, pero estén seguros de que no ayudará al adolescente. Conviene mantenerse al margen de estas elecciones y no favorecer ninguna alianza.

Los amigos son una pieza fundamental en esta etapa. Los adolescentes hablarán con ellos y encontrarán allí un espacio para desahogarse. Pero no es suficiente, incluso los más grandes necesitan poder hablar con sus padres. De nuevo son los adultos quienes tienen que crear el espacio propicio y favorecer los momentos de diálogo. En el trabajo con los padres he podido observar cuánto se sorprenden cuando hablan con sus hijos adolescentes. Recién allí parecen comprender que ellos pueden expresar ideas de una manera muy adulta. No quiero decir con esto que haya que consultarlos, pero sí escucharlos: tal vez los padres puedan encontrar algún aporte si reflexionan acerca de lo que sus hijos dicen u opinan.

Ahora bien, si con los más pequeños son frecuentes las discusiones y los estallidos, con los adolescentes lo son aún más. Se producen explosiones en las cuales dicen cosas muy dolorosas e hirientes. A veces, también los padres se descontrolan. Los hijos amenazan con irse a vivir con el adulto que dejó la casa familiar y los padres les devuelven la agresión diciéndoles que se vayan, como si fuera un castigo. Los adolescentes manifiestan su dolor y su enojo de variadas maneras: no quieren ver a uno de los padres, se muestran más violentos, están desganados o agresivos. También suelen sentirse avergonzados por las conductas de sus padres y es común que oculten el hecho ante los demás.

La misión de los padres en estas situaciones es ayudar al hijo a elaborar la pérdida. Sí, la separación de los padres es una pérdida para el hijo. Es también tarea de ustedes que los chicos logren recuperar la sensación de continuidad de los afectos y de los vínculos, a pesar de que muchas cosas hayan cambiado.

4

Qué decir en la escuela

Es conveniente recordar que la mayoría de los chicos cuyas familias tienen dificultades de relación y comunicación presenta problemas de conducta y/o aprendizaje. En las familias en las que los padres se separan, estos conflictos se ven amplificados. En el colegio –recuerden que el niño pasa allí mucho tiempo– es donde suelen aparecer estas dificultades.

En muchas ocasiones, el rendimiento escolar desciende. Otras veces surgen problemas de conducta o de relación. Por eso, pienso que es conveniente avisar al docente que la familia está atravesando un momento difícil. No es necesario entrar en detalles ni dar justificaciones, nadie está obligado a explicar los motivos. Es más, el docente no tiene por qué ser el depositario de confidencias e intimidades. Usted tiene amigos y familiares que pueden escucharlo. Si es necesario, puede recurrir a un profesional, pero no a los maestros de sus hijos.

Lo importante es que los docentes sepan qué está sucediendo, para que puedan acompañar al niño en el proceso y ayudarlo a elaborar la situación, sin tomar partido por uno u otro progenitor. Desde ya, es preferible que usted le informe al niño que hablará con su maestro para que él o ella lo acompañe en este momento.

Es verdad que, hoy en día, los maestros están muy ocupados –a veces, realizando tareas que no les corresponden–, pero creo que no pueden dejar de involucrarse en el tema que nos preocupa. Es más, estoy segura de que si hay una buena relación con el niño, los maestros pueden ser de gran ayuda.

Por lo pronto, la escuela y los docentes pueden colaborar para que los cambios en la vida familiar no le impidan al niño avanzar con sus aprendizajes. Pero también pueden acompañarlo durante el proceso de adaptación. Si bien no es conveniente que el maestro sobreproteja al niño –ni, mucho menos, que lo estigmatice–, tiene recursos suficientes para ayudarlo a comprender la situación. Puede conversar con él y servir de escucha. El niño debe sentir que cuenta con el maestro, que puede acudir a él cuando lo necesite.

Es importante que el docente no magnifique la situación, es decir, que no la agrande ni que permita que todas las personas de la escuela se enteren.

Mantener la discreción es fundamental. Suele suceder que muchos niños no desean que sus compañeros sepan lo que les pasa y los docentes deberán respetar esta decisión. De a poco, el niño irá comentándolo con los compañeros más cercanos. El otro extremo –minimizar la situación o decirle, por ejemplo: "no te preocupes, hay muchos chicos cuyos padres se separan"– tampoco favorece al niño. Conviene escucharlo, hacerle saber que su maestro sabe cómo se siente, que comprende cuánto le cuesta hacer las tareas o concentrarse en lo que hace. Pero, si bien el dolor es grande, de a poco irá pasando y comenzará a sentirse más cómodo en la escuela. Ésta es la tarea a la que debería contribuir el docente. Me consta que muchos maestros de hoy tienen esa vocación y que harán todo lo posible por acompañar a sus alumnos.

Además, en la actualidad, la mayoría de los colegios tiene asesoramiento psicológico y psicopedagógico. Tanto los padres como los docentes pueden pedir ayuda y guía, y así, también, prevenir los problemas futuros de los niños.

Es verdad que en muchas oportunidades son los padres quienes no asisten a las entrevistas o no aceptan el asesoramiento ofrecido. Pero el intento por parte de la institución escolar debe existir. En definitiva, la escuela, además de inculcar contenidos, tiene que formar para la vida. Formar en valores, en modelos, en "buenas maneras".

5
Las preguntas típicas

Una vez que se disponen a comunicar la decisión, los padres deben estar preparados para todo tipo de preguntas. Si es posible, tienen que anticiparse a los cuestionamientos y pensar qué respuestas darán. Los niños son prácticos, curiosos y concretos. Querrán saber detalles de lo ocurrido y cómo será la vida de ahora en adelante. Las respuestas, recuerden, han de ser rápidas, claras y breves. Y, por supuesto, verdaderas.

GUÍA DE RESPUESTAS

"¿Por qué?"

¡Qué pregunta! Tal vez ustedes piensen que hay muchas respuestas posibles: "tu padre es muy violento", "tu madre es muy celosa", "queremos tener más libertad", "peleamos todo el tiempo", etc. Pero, en realidad, esos son detalles. Ustedes se separan porque ya no se quieren o porque no desean estar juntos. Con esa respuesta alcanza, no es momento de echarse culpas.

"¿Dónde viviremos?"

Es preferible que, por lo menos durante los cinco o seis meses siguientes al divorcio, los niños se queden en la misma casa. Si está prevista una mudanza para más adelante, lo comunicarán en su momento. A veces, por supuesto, esto no es posible y los niños deben ir de inmediato a la casa de alguna abuela u otra persona, hasta conseguir el lugar definitivo. Y es preferible decírselo a los hijos claramente.

"¿Papá/mamá nos visitará?"

Salvo que haya un impedimento judicial por maltrato, violencia o abuso sexual, lo más conveniente es que la respuesta a esta pregunta sea: "Sí, todas las veces que lo desees".

"¿Podré visitar a papá/mamá? ¿Dónde vivirá?"

También aquí la respuesta preferible es: "Sí, cuando lo desees". Lo mejor es que el adulto que deje la casa viva cerca de los niños, para que el contacto sea más frecuente y todos puedan compartir las actividades cotidianas. También es importante que la nueva casa, además de estar cerca, tenga comodidades suficientes como para que ellos puedan jugar, hacer sus tareas o quedarse a dormir.

"¿Cómo voy a festejar mi cumpleaños?"

Esta respuesta dependerá del acuerdo entre los padres. Puede que el niño tenga dos festejos –uno con cada progenitor– o bien que el padre que no viva con él asista al festejo, ya sea en la casa o en algún lugar neutral. He tenido varios pacientes a los que este tema les generaba mucha ansiedad, dado que ellos querían estar con ambos padres y muchas veces con sus abuelos, pero las relaciones familiares no eran cordiales y, por lo tanto, los miembros de las dos familias de origen de los padres no deseaban asistir. En estos casos, los adultos estaban dejando de lado los deseos del niño (hijo, nieto o sobrino) y priorizaban los propios. Es muy importante que los abuelos, tíos y demás parientes sepan que los niños sufrirán si ellos desaparecen de sus vidas.

"¿Podremos visitar a los abuelos?"

Como vimos en el punto anterior, muchos niños, además de sufrir la separación de los padres, tienen que sobrellevar la distancia de sus abuelos. Ocurre que ellos se enojan con la decisión tomada por la pareja y, a veces, se niegan a ver al padre o la madre de sus nietos. Por lo tanto, el sufrimiento de los niños es doble. Ésta también es una tarea de los padres: hacer entender a sus propios padres que no se alejen de los nietos y que no tomen partido. También, por supuesto, que no le hablen mal al niño de ninguno de sus padres. La importancia de este punto variará según el lugar que hayan tenido los abuelos antes de la separación.

"¿Tendré un/una nuevo/a papá/mamá?"

Ustedes tienen que dejar muy claro al hablar con sus hijos que nunca dejarán de ser sus padres. Que los aman con toda el alma, que cuando los concibieron ustedes se querían mucho y deseaban tenerlos. Que la ruptura es entre ustedes dos, pero que el cariño hacia los niños no ha cambiado ni cambiará. Que aunque mamá y papá se separen, nunca jamás se separarán de sus hijos.

6

Y cómo procesar las respuestas

Luego de responder a las preguntas de los hijos, es enriquecedor y saludable para la familia que los padres hagan una pausa y averigüen si comprendieron lo que dijeron, cómo se sienten y qué piensan. Es positivo darles tiempo y no sugerir respuestas.

Esperen, no se apresuren, no habrá contestaciones instantáneas. Si ustedes están demasiado ansiosos y apurados, pueden obturar la respuesta. Tengan presente que el niño está procesando información que ustedes ya vienen trabajando desde hace tiempo. Para él todo es nuevo y está sintiendo muchas cosas a la vez. Si además le hacen una pregunta tras otra, el niño optará por no decir nada.

Traten de mostrarse flexibles y lo más serenos que puedan. Y concéntrense en ellos, en las expresiones de sus rostros. Deténganse a preguntarles por qué pusieron esa carita. Si bien la situación es dolorosa y difícil, no se apuren para que el momento por el que están pasando termine rápido, no sirve para nada.

Recuerden que es beneficioso para los hijos que los padres estén de acuerdo. No se apresuren, decidan juntos qué respuestas darán ante las distintas preguntas. No se traicionen ni se contradigan, no es lo mejor. Cuando se trate de los hijos, si es posible, dejen de lado sus peleas y sus reproches. Ahora lo más importante son ellos, que los necesitan.

Lo que los padres no deben perder de vista en ningún momento es que, aunque se estén divorciando, están educando a sus hijos. Les están enseñando cómo se comporta un adulto responsable, maduro, sincero y generoso.

7

Distintas edades, distintas reacciones

Como ya saben ustedes, si bien cada niño es único y especial, también cada edad tiene sus características particulares, si ustedes tienen claro qué van sintiendo sus niños, podrán comprenderlos mejor y ayudarlos. Ellos necesitan sentirse entendidos por los adultos que los rodean. A continuación les dejo algunos ítems muy generales, que muestran cómo van expresando los niños sus sentimientos frente a la ruptura conyugal y cómo es conveniente que actúen los padres.

HASTA LOS 2 AÑOS

- Perciben que hay tensión en la familia, pero no pueden comprender el conflicto. Se muestran inquietos, intranquilos.

- Se vuelven más dependientes y sienten ansiedad cuando los padres se van.

- Pueden experimentar irritabilidad, hiperactividad, rabietas, problemas para dormir. Pueden aparecer algunos temores o miedos.

- Es muy importante mostrarles afecto y ser muy cariñosos.

- Lo ideal es mantener las rutinas, llevarlos a lugares conocidos, con personas conocidas.

- Al niño tiene que quedarle claro que ya no viven todos juntos. No es adecuado hacer como que no pasó nada. Eso lo confunde mucho.

- De todos modos, es muy importante que los padres intenten mantener una relación cordial entre ellos y puedan ponerse de acuerdo en las cuestiones que atañen al hijo.

De 3 a 5 años

- Pueden tener pesadillas, temores y conductas regresivas (volver a hacerse pis encima, hablar como bebés, etcétera).

- Son egocéntricos: creen que ellos están causando los problemas de la familia, se sienten culpables y responsables.

- Tienen fantasías acerca de la reconciliación de sus padres.

- Sería ideal poder hablarles del divorcio en un lenguaje sencillo, que puedan comprender.

- Es necesario reiterar las explicaciones.

- Es importante generar espacios para que cuenten cómo se sienten y que hablen del tema.

- Es necesario favorecer los encuentros con el padre o madre que ya no convive con ellos.

- Es fundamental tratar de mantener las rutinas cotidianas, ya que les darán seguridad.

- Necesitan que se les demuestre mucho cariño, tanto a través de palabras como de gestos (besos y abrazos).

De 5 a 12 años

- Se dan cuenta de lo que sucede y entienden el concepto de divorcio.

- Es común que culpen a uno de los padres o a un tercero.

- Es natural que intenten negar la situación.

- Pueden presentar problemas escolares, irritabilidad, enojo, angustia.

- Sería ideal que pudieran favorecer el diálogo y repetir las explicaciones todas las veces que haga falta.

- Es importante darles muestras constantes de cariño.

- Es necesario promover el contacto con el padre o madre que no convive con ellos.

- También es muy importante estimular el contacto con otros niños.
- Es bueno alentarlos para que hablen del tema con sus maestros.

De 13 a 17 años

- Ya tienen su grupo de pares y les preocupa cómo influirá el divorcio en sus relaciones, tanto con sus padres como en su vida social.
- Podrían presentar problemas escolares o sociales.
- Es común que se sientan afligidos, agresivos o confundidos.
- Pueden tener conductas manipuladoras (por ejemplo, haciendo comentarios referidos al otro progenitor). Tal vez intenten sacar ventaja con alguno de los padres.
- Es importante estar muy atentos a las conductas cotidianas: horarios de regreso, uso del dinero, rendimiento escolar, etc.
- Es muy conveniente generar espacios de diálogo y comunicación.
- Dado que es la época en que pueden iniciarse en el consumo de tabaco, alcohol o drogas es muy importante hablar de estos temas con ellos.

8

Para todas las edades

PROBLEMAS PARA DORMIR

En todas las edades los niños pueden presentar problemas para dormir. Estas dificultades suelen manifestarse de varias maneras:

- Les cuesta conciliar el sueño.
- Se despiertan varias veces por noche.
- Se niegan a dormir solos.
- Se levantan de la cama dormidos.
- Tienen pesadillas, lloran gritan o hablan dormidos.

Lo más recomendable en estas situaciones es que ustedes acompañen a sus hijos en estas dificultades.

No es una buena solución llevarlos a la cama con ustedes, aunque sea lo más fácil y cómodo. Es preferible que se queden un momento con ellos en su cuarto. Serénenlos, díganles que ya pasará. Tengan paciencia.

Tanto papá como mamá deben comprender que el niño se despierta o sobresalta porque se siente inseguro y teme ser abandonado.

9

Para recordar

No crean que una vez que hablaron con los niños está todo resuelto y pueden seguir adelante sin problemas. Este es apenas el principio del proceso, las preguntas y las situaciones difíciles, dolorosas y desagradables se repetirán durante un buen tiempo más. Si ustedes son conscientes de ello, podrán actuar con mayor eficacia. Les sugiero algunas cuestiones para tener en cuenta:

- Asegurarles que estarán siempre cerca y disponibles para ellos puede resultarles cansador y agobiante, pero es lo que los niños necesitan. En los tiempos que siguen a la separación es fundamental que ustedes estén, realmente, muy cerca de sus hijos. Y si el momento en que ellos hacen una pregunta es inoportuno y ustedes no la pueden responder como quisieran, es preciso que más tarde retomen el tema, aunque el niño no haya vuelto a preguntar.

- Díganles con claridad que el amor hacia ellos –los hijos– no cambiará nunca, pase lo que pase con los padres. Muchas veces suele ocurrir que, en el momento de separarse, los adultos se lamentan por todo y pierden de vista que, un tiempo atrás, desearon unirse y que también desearon tener ése o esos hijos. Esto también hay que decírselo explícitamente a los niños. Ellos tienen que saber que los padres no lamentan haberlos tenido, que los hacen muy felices y que tal vez esos hijos hayan sido uno de los mejores acontecimientos del matrimonio.

- Hay una pregunta que muchos niños expresan verbalmente y otros callan, pero que, tarde o temprano, todos se hacen: "¿de quién es la culpa?". Conviene explicarles que así como son dos las personas que se enamoran y quieren vivir juntas, también son dos las que dejan de amarse y deciden separarse. Es doloroso vivir alejado de alguien a quien se quiere y lo mismo sucede cuando se vive con alguien a quien no se ama. Pero esto no significa que haya un culpable.

Capítulo 3

Cuando todo cambia

> *Nada está perdido si se tiene el*
> *valor de proclamar que todo está perdido*
> *y hay que empezar de nuevo.*
>
> Julio Cortázar

1

Ya nada será como antes
Nuevas rutinas, nuevos problemas,
nuevas oportunidades

Una vez que los padres se separan, todo cambia en la vida de cada uno de los miembros de esa familia. Es común escuchar a los niños decir: "la Navidad ya no será como antes". Es verdad: algunos padres acuerdan celebrar juntos algunas fiestas o días especiales, otros no. Pero también es posible que los niños tengan doble festejo, uno con mamá y otro con papá. Esto lleva, tal vez, a un doble regalo: no está tan mal tener esa ventaja...

Del mismo modo, los hijos quizá tengan dos cuartos con diferentes juguetes. Esto también puede ser visto por ellos como una ventaja. Algunos niños me han contado que en la casa de su papá tienen juegos muy entretenidos, pero que no se los dejan llevar a la casa en la que viven. En ese caso, uno se pregunta: ¿han pensado de quién es el juego? Tal vez estén pensando que, si se lo llevan, luego no tendrán con qué jugar. Si es así, el progenitor puede aclarar que deberán traerlo de vuelta. Y si el niño no cumple, se aburrirá y tal vez no pueda llevarse otro juguete hasta que haya traído el anterior.

También es frecuente que tengan alguna vestimenta en la casa del "padre discontinuo" y que a veces se la quieran llevar. Cuando las relaciones entre los padres no son cordiales, puede ocurrir que el niño tenga que cambiarse antes de volver a su casa. Aquí vale la misma respuesta que en el caso anterior: de acuerdo a la manera en que ustedes actúen en estas situaciones, estarán enseñándole a ser responsable y a hacerse cargo de sus cosas, a cumplir con lo que se comprometieron a hacer.

En otros casos, hay madres que envían a sus hijos vestidos en forma inadecuada (por ejemplo, desabrigados). La "razón" invocada aquí suele ser, como con el padre se ensucia mucho, le pone cualquier ropa para que no importe si la arruina. Cuando el padre recibe al niño, el desagrado que refleja su rostro es inevitable y el que termina sufriendo es el niño. A veces es en este momento cuando algún papá decide comprar ropa para que el niño tenga en su casa, pero no permite que la lleve. Por lo tanto, el niño siempre va y viene vestido inapropiadamente. ¿Creen ustedes que él no se da cuenta? Sí, se da cuenta, y lo padece en silencio.

Lo que está ocurriendo es que la confrontación conyugal continúa a pesar del divorcio. Los adultos siguen peleándose entre ellos, sin percibir que afectan a su hijo. Un niño de 7 años me contó que a su papá le parece que la mamá lo manda mal vestido cuando va a la casa de él, entonces le compró ropa para que use en casa de papá, pero que no se puede llevar a la casa de mamá. Luego del relato me pregunta: "¿Te parece que me querrán volver loco, o estarán locos ellos?".

2

Celos y tironeos
El niño entre mamá y papá

En la mayoría de los casos de divorcio, los niños suelen vivir con la madre. Ambos padres o el juez fijan la cuota de alimentos que debe pasar el padre y, también, si se hará cargo de algún otro gasto como el colegio, la medicina prepaga, etc. A veces la madre trabaja, otras no, pero es frecuente escuchar que el dinero no alcanza. Es una realidad: muchas veces no alcanza y por eso ya no se compran algunas cosas que antes, cuando vivían todos juntos, sí se compraban.

Hasta aquí está claro. ¿Pero qué le ocurre al niño cuando escucha de boca de su madre: "No te compro tal cosa porque tu padre me pasa poco dinero y no me alcanza?". ¿No sería más adecuado proponerle que ahorre un poco para comprarlo más adelante? Las discusiones en torno al monto asignado y a su cumplimiento son temas de los adultos, los niños no tienen por qué intervenir. Si están expuestos a comentarios como el anterior, los niños se enojan, sufren, sienten fuertes ambivalencias hacia sus progenitores. Por un lado, el papá parece "malo" y la mamá "pobre y sacrificada". Pero luego escucha a su padre, que le explica que él aporta todo lo que puede, y en ese momento es él quien pasa a ser "pobre y sufriente", mientras mamá es la "mala y exigente". Así va pasando de un sentimiento a otro, sin poder comprender, mientras los adultos van generando más y más confusión e inseguridad.

¿Qué hacer? Es conveniente y saludable poder evitar esos comentarios. Los temas de adultos son de adultos. Los niños no tienen por qué tener injerencia alguna en ellos.

Lo mismo es válido para esos comentarios maliciosos que, tan a menudo, los padres se dirigen el uno al otro: "tu papá es egoísta, eso está mal", "tu mamá es una vaga, no colabora en nada". Este tipo de acusaciones –y otras mucho más graves– son escuchadas por los niños y a veces son transmitidas al otro progenitor, generando así nuevos comentarios adversos.

Si un hijo comienza a contar este tipo de cosas, conviene no entrar en su juego. Hay que minimizar su importancia o explicarle que no es bueno hacer esos comentarios. Ellos tienen que saber que no están en el medio de papá y mamá, sino que están *con* papá y mamá.

De acuerdo a mi experiencia, recogida tanto en hospitales públicos como en mi práctica privada de la profesión, ciertas situaciones se reiteran con frecuencia en niños cuyos padres se han separado o divorciado. Una de ellas es la necesidad de cuidar al progenitor que no vive con ellos. Se preocupan por si se sentirá solo, se preguntan quién lo cuidará, si estará triste, si le alcanzará el dinero. Puede suceder que decidan no ir a visitar al padre para quedarse a "cuidar" a la madre. Recuerdo a Nicolás, cuando en una sesión me contó que el fin de semana anterior no había ido a la casa de su papá pues "me daba cosa que mamá se quedara sola, entonces dije que tenía dolor de panza". Cuando le pregunté por qué le daba "cosa", qué quería decir con eso, me respondió: "Y, no sé, me parece que mamá se va aburrir o se va a poner muy triste si mi hermana y yo nos vamos... aunque también me intriga si ella tiene un novio".

En otros casos, se preguntan si el papá o la mamá creerán que quieren más al otro progenitor. Se preguntan si uno u otro se pondrá celoso si comentan que se divirtieron y la pasaron bien en "la otra casa". Es común que digan que se aburren con el otro –ya sea el padre discontinuo o el continuo–, para que éste no se sienta mal o celoso.

En una sesión, estaba con Delfina dramatizando situaciones familiares, cuando de pronto dice: "Este muñequito (el títere con el que jugaba) ahora le dice a su papá: «Uf, papi... en la casa de mami siempre me aburro, no hago nada. Y ella siempre está enojada, cansada, y me hace hacer la tarea, no está nunca conmigo»". El títere que yo manejaba contesta: "¿Y por qué?" A lo que responde saliéndose del rol del personaje: "No, esto no es verdad, pero cómo le voy a decir a papá que me divierto con mamá, a ver si piensa que con él no lo paso bien. Total es una mentirita...".

Es evidente que, en estos casos, los niños están preocupados por sus padres. Pero esta preocupación refleja, también, los temores que sienten por la propia relación con los padres. Sus sentimientos son de inseguridad, de ambivalencia, de dolor. Es por ello que los padres tienen que ayudarlos, dándoles seguridad y tiempo para que puedan expresar sus sentimientos.

Es conveniente que tanto papá como mamá puedan reforzar las explicaciones que los hijos necesitan. Está claro que no es sencillo, no: es difícil y doloroso. Pero como ya mencioné antes, son ustedes los que guían este proceso. Sería bueno que pudieran correrse del centro de la escena para ocuparse de sus hijos, que también están sufriendo. Díganles que comprenden que están tristes, que tienen problemas y están confundidos: "Tal vez pienses que uno de nosotros está más triste que el otro y que por eso debes querer más a uno que a otro. Pero ésa no es tu tarea".

En un reportaje, Françoise Dolto* explicaba que a un niño "la emoción al ver al progenitor a quien no ve habitualmente puede hacerle vomitar: ésta es una reacción psicosomática. Para el niño es una forma de lenguaje el eliminar el contenido de su estómago, inconscientemente asociado a «mamá», para estar así listo para tragar a «papá», es decir, a otro que no debe confundirse en su interior con el otro progenitor. El niño expulsa entonces lo que tiene en su interior para que no haya dentro de él un es-

* Françoise Dolto, *Cuando los padres se separan*, Barcelona, Paidós, 2004.

tallido, guerra. Por supuesto, se trata de un lenguaje que el niño no podría explicitar verbalmente".

Conviene que ambos padres comprendan que muchos niños expresan sus emociones a través de su cuerpo, al igual que los adultos. Estos síntomas psicosomáticos son, en general, llamados de alerta. Es importante que los padres presten atención a los síntomas, entendiendo que es una manera de expresar algo que no saben decir de otra manera.

Supongamos que nuestro niño, que vive con su madre, cada vez que debe salir con su padre se queja de dolor de cabeza y dice que no quiere salir. Es allí donde la madre tendrá que decirle que es el día que le toca salir con su papá y que él tiene que ir, porque la va a pasar muy bien. Es la madre quien debe favorecer esa salida.

En páginas anteriores les mencioné a Nicolás, quien dijo que le dolía la panza para evitar dejar a su madre sola. En esa oportunidad, el niño no salió con su padre, pero luego de algunas entrevistas con la madre, ella pudo ayudarlo a irse, mostrarse serena y segura para aliviar los temores de Nicolás. Le dijo que ella estaría muy bien, que saldría a pasear con una tía del niño, que le gustaba quedarse en casa, que tenía cosas para hacer y que el papá también necesitaba estar con él, que fuera tranquilo. Esta actitud maternal ayudó a Nicolás a darse cuenta de que su madre lo entendía y que sabía cómo se sentía él en ese momento.

Decía anteriormente que son los adultos los que han de favorecer los encuentros con el padre no conviviente. Salvo, por supuesto, que se trate de un padre golpeador o que maltrate al niño. En casos en los que el padre es excluido del hogar por una razón judicial, ya sea por maltrato, violencia o abuso, el niño tendrá que verlo delante de otra persona que controle la visita. Es frecuente que en casos de padres alcohólicos o violentos los encuentros con el hijo se realicen en lugares públicos como una plaza o dentro de una institución, con la presencia de un asistente social u otro profesional designado para proteger al niño. Así ocurrió con Benjamín, un niño de apenas 4 años cuyos padres se divorciaron, entre otros motivos, por maltrato. El padre del niño debía verlo en un juzgado o bien en una plaza, pero siempre con la presencia de un asistente social. Esto provocaba mucho dolor, tanto en el padre como en el niño y fue muy difícil mantener las visitas. Si bien el papá no maltrataba físicamente al niño, el temor de los adultos se centraba en proteger al niño del maltrato psicológico. Pero, a pesar de todas las dificultades, el niño deseaba ver a su padre, aunque no se animaba a manifestarlo abiertamente a su mamá, quien se llenaba de temores y le resultaba muy difícil mantenerse serena cada vez que el niño se encontraba con el padre, lo cual generaba en Benjamín mucha inseguridad y ansiedad frente a la situación.

Queda claro en este ejemplo cómo los adultos trasladan, sin quererlo, sus temores a los niños. Les cuesta escucharlos y actuar en consecuencia. No es una situación sencilla de sobrellevar pero, anticipándonos a ella, podremos encaminarla más adecuadamente.

3

La ambivalencia
de papá y mamá

Sucede a menudo que, durante el período agudo de la crisis de separación, los padres muestran un trato muy ambivalente hacia los hijos. Van desde colmarlos de regalos, mimos y paseos y estar mucho más tiempo con ellos, a reprenderlos por cualquier conducta, criticarlos y despreciarlos debido a su propia tensión. Estas situaciones son muy comunes, dado que el adulto siente que su propia vida está muy desorganizada y no puede salirse de sí mismo para atender al otro en la forma adecuada. Pero los padres y madres deben saber que los niños los están mirando y que los necesitan mucho.

Respeten sus propios tiempos, pero también tengan en cuenta los de los hijos. Ellos están primero, ellos se están formando para la vida. Ustedes son el modelo a seguir. Si pueden controlar sus propios estados emocionales, el niño no tendrá que preocuparse –entre tantas otras cosas– por si ustedes están tristes, angustiados o nerviosos. Sus hijos están creciendo, están viendo qué lugar ocupan dentro de la sociedad, están descubriendo quiénes son y están aprendiendo a reconocer sus emociones y sentimientos. No es el momento de pedirles grandes cosas. Necesitan sostén, no críticas. Sería ideal que los padres pudieran darles seguridad y comprensión, más allá de los conflictos que existan entre ellos.

En el otro extremo están los padres que sobreprotegen a sus hijos. Esta actitud no soluciona ni favorece nada, sólo generará mayor dependencia e inseguridad. Estos padres deberían alentar a los pequeños para que se relacionen con el mundo de un modo más satisfactorio. Si "desdramatizan" la situación, favorecerán su independencia y los ayudarán a atravesar el miedo que provoca en ellos la separación de los padres. Claro que a veces son los padres quienes no logran obtener su propia independencia. En ese caso, es tarea urgentísima de los adultos revisar la autoconfianza y la independencia y, sobre todo, no quedarse estancados en una relación que ya terminó.

Hay casos en los que uno de los padres se aferra demasiado al hijo, aquí algo se está deteniendo en el desarrollo de ambos. El progenitor es el que guía y, para ello, tiene que tener claro el camino a seguir. Si sabe conducir con cierta certeza sus propias emociones y sentimientos, favorecerá la independencia saludable del hijo.

Pero todo tiene su aspecto positivo: en mi experiencia profesional, no han sido pocos los padres que han afirmado que a partir de la separación, la relación con sus hijos mejoró y se revitalizó. Antes, en permanente "estado de conflicto", no tenían la posibilidad de intimar demasiado con los niños, de compartir juegos o actividades.

Pedro, padre de cuatro hijos, luego de muchísimas discusiones conyugales, gritos, llantos y portazos decide junto con María que es mejor separarse. Los hijos quedan con su madre y él renta un departamento a pocas cuadras de la casa familiar. Recuerdo claramente cuando en una entrevista me cuenta que nunca pensó que se llevaría tan bien con sus hijos y que estaba muy sorprendido, pues los niños, cuyas edades oscilaban entre los nueve y los doce años, lo visitaban espontáneamente muy seguido. Pasaban por su casa los días que hacían deporte en el colegio y salían en un horario cercano a la hora en que él regresaba de su trabajo. Otras veces, lo esperaban en la puerta. La relación era muy fluida y cercana. También ocurría lo mismo entre los niños y su madre. La tensión que existía entre la pareja había desaparecido y ambos padres podían estar más concentrados en los hijos y no tanto en pelearse entre ellos.

Es este un ejemplo no tan infrecuente, que muestra cómo a veces los adultos pueden tomar distancia de los conflictos con la ex pareja y fortalecer los vínculos con los hijos. La prioridad son ellos y la responsabilidad es de los adultos.

4

Algunas sugerencias

Los padres que acaban de divorciarse suelen estar abrumados y, por lo general, sienten que ya no tienen fuerzas para enfrentar todo lo que les sucede. Entonces, tanto padres como madres pueden colocar a sus hijos en situaciones que no favorecen para nada la maduración del hijo. A continuación, expongo aquí algunos ejemplos de lo que *no* conviene hacer. Si les suenan conocidos, tómenlos como señal de alarma:

- Utilizar a los hijos como informantes para saber, por ejemplo, qué es de la nueva vida del ex cónyuge. Preguntar al niño qué hace el otro progenitor, adónde va, si sale solo o con alguien, si tiene novio o novia, etc.

Frente a esta situación, el niño siente una gran ambivalencia, pues si no responde supone que el progenitor que le pregunta se enojará y, si contesta, puede generar malestares o más discusiones entre los padres. No es favorable interrogar al niño acerca de lo que hace el otro progenitor. Por supuesto, siempre es positivo escuchar con calma todo lo que él quiera contar libre y espontáneamente.

• No mencionar en absoluto al otro progenitor, hacer como si no existiera la otra casa y la vida del niño con el otro padre. Aquí se está negando una realidad. El niño se ve obligado a realizar un gran esfuerzo para no mencionar a su mamá o a su papá, y vive con temor a contar algo indebido. Se llena de un estrés y una angustia que, posiblemente, desemboquen en conductas agresivas. El punto intermedio entre esta situación y el "interrogatorio" del caso anterior podría ser: "Y, ¿cómo te fue hoy con tu papá/mamá?".

• Descargarse ante el niño, diciéndole todo lo malo que tiene el otro progenitor. Es posible que uno de los padres sienta mucho enojo hacia su ex pareja, pero no debe olvidar que esta persona es el papá o la mamá de sus hijos. El enojo es del adulto y no es conveniente transmitirlo al niño. Si intentan que los hijos tomen partido por uno u otro, los están lastimando profundamente. No hace falta explicar que las desvalorizaciones permanentes de uno de los padres afectan muchísimo a los hijos, que necesitan sentir que tienen un papá y una mamá valiosos y capaces de cuidarlos. Cualquier lugar de descarga para el progenitor enojado (la terapia, los amigos, el deporte) será mejor que el niño.

- Alegrarse cuando el niño no habla más del divorcio y pensar que "ya pasó". Es común que los niños no expresen su tristeza o su angustia para no preocupar a los padres. Los hijos ven que ustedes sufren y, entonces, ocultan sus propias penas. Ante el silencio, no es conveniente caer en el facilismo de creer que al niño no le pasa nada o que es muy maduro y toma todo con naturalidad. Es importante tratar de que exprese lo que siente y asegurarle que ustedes lo van a poder sostener.

- Convertir al hijo en confidente: contarle sus intimidades, ya sea referidas al otro progenitor o a una nueva pareja. A veces, los adultos toman esta actitud porque buscan apoyo. Pero los niños no son amigos, no están en condiciones de sostener a los padres. Estas actitudes sólo los dañan. En otros casos, los padres piensan que, contando sus intimidades, están "hablando con los hijos". Grave error: los que tienen que contar sus intimidades –sus preguntas, sus miedos– son los chicos, no los adultos.

- Hablar con el niño acerca de los desacuerdos económicos que existen entre los adultos: "Si tu madre trabajara, yo no tendría que pasarle tanto dinero", "si tu padre me diera toda la plata junta sería mucho mejor". Desde ya, no hay derecho a prohibir que el progenitor no conviviente vea al niño si no ha pagado la cuota alimentaria. Hasta tanto un juez no lo dictamine, ustedes no pueden tomar esa decisión. Tengan en cuenta que esta medida hiere más al niño que al padre "castigado". No aumentemos su dolor.

- Estimular las quejas del niño hacia el otro progenitor. Si las protestas aparecen de manera espontánea, no intervengan, traten de que el niño hable directamente con el progenitor correspondiente: es él –o ella– quien puede resolverlo, no ustedes.

- Recordar situaciones pasadas que sirvan para descalificar al otro progenitor.

- Hablar frente a los niños de dificultades sexuales que haya tenido la pareja.

- Hablar con el niño acerca de temas que ustedes desean ocultar a su ex pareja: "te cuento esto, pero no se lo digas a tu mamá".

- Hacer comparaciones entre las familias de uno y otro progenitor. Por ejemplo: "La abuela Marta es más linda, más joven, más buena o más generosa que la abuela Carmen", "el tío José es más divertido que el tío Carlos".

- Descalificar al niño diciéndole que es igual al otro progenitor.

- Criticar el tipo de actividades o salidas que realiza el niño con el otro progenitor.

- Poner en tela de juicio los sentimientos del niño. Nunca lo juzgue, siempre respete lo que él siente por su madre/padre.

Cualquiera de los ejemplos mencionados daña profundamente a los hijos. Como padres, sería bueno que pudieran mantener una postura madura y adulta frente a ellos. Ustedes son los que tienen que reflexionar acerca de cuál es la mejor manera de sobrellevar el dolor que causa el divorcio.

No pierdan de vista que los niños los miran con atención, esperan señales claras de que ustedes los están cuidando y protegiendo, que seguirán siendo sus referentes, sus modelos y sus guías, aun cuando se equivoquen. Es muy esforzada la tarea, lo sé, pero no hay otro camino.

5

¿Mamá sola para todo?

Uno de los efectos más visibles de los divorcios es el incremento de nuevos modelos de familias: las monoparentales, las reconstituidas y las ensambladas. Estos tipos de familia presentan características propias. No se trata aquí de construir una modalidad nueva que invalide todo lo que había antes, sino de pensar organizaciones alternativas, que imponen grandes desafíos a todos sus integrantes.

Una parte importante de estos desafíos debe ser enfrentada por las mujeres. En su mayoría son ellas las que siguen conviviendo con sus hijos cuando se ha producido la separación y, en muchas oportunidades, pasan a ser jefas de hogar. Quedan, de pronto, ante la situación irremisible de asimilar e incorporar con rapidez los cambios inevitables en el funcionamiento familiar. Así, las mujeres se han convertido en protagonistas de transformaciones que impactaron en el desarrollo de la familia y, por lo tanto, en el funcionamiento de la sociedad.

Poseo una profunda admiración por esas mamás que están solas junto a sus hijos y dan muchísimo de sí para ayudarlos a crecer y desarrollarse. En este capítulo me gustaría prestarles atención a algunas situaciones especiales que les toca atravesar. Me refiero a las madres, porque no son muchos los padres que lo hacen o a quienes les ha tocado hacerlo. Supongo que las dificultades por las que les toca atravesar a los padres deben ser similares en muchos aspectos. Espero que se sientan identificados de todos modos.

Para empezar, estamos de acuerdo en que la madre sola se encuentra en una situación difícil. Tiene que trabajar fuera y dentro de la casa. Debe multiplicarse para poder hacer las tareas que generalmente se hacen de a dos, sin dejar de educar a sus hijos, poner límites donde corresponde y acompañar cuando hace falta. ¡Cuánta tarea! Algunas pueden tener una persona que las ayude en los quehaceres domésticos, otras cuentan con alguna abuela que les da una mano. En estos casos, su rol puede complicarse y a veces se desdibuja: queda atrapada en el lugar de hija, o bien, en el de "pobre, no puede con todo". Desde esta posición, es más difícil hacer que las personas que colaboran con la madre respeten las indicaciones y normas que ella imparte. Por lo tanto, la marcación de pautas debe ser doble o triple: para los niños, pero también para la empleada, la abuela y quien más cerca esté.

Si bien la mamá sola suele encontrarse abrumada por las circunstancias, es necesario que se tome un momento en paz y tranquilidad para replantear las pautas familiares. Si no lo hace, sólo aplicará medidas paliativas, de urgencia, con poco o nada de reflexión. Después del "no hay tiempo, hago lo que puedo, ¡no doy abasto!" aparecen las palizas, los gritos y las recriminaciones, las culpas, los llantos y los lamentos. No falta quien echa al hijo de la casa y "lo manda" a lo del padre, o amenaza con irse. Son cosas dichas en un momento de bronca incontenible, que seguramente no son sentidas por la mamá, pero esas palabras quedan grabadas a fuego en el dolor de los hijos. Es muy posible que ese hijo esté pasando por una etapa terrible y sea muy difícil de contener, pero manifestaciones como ésta no lo ayudan para nada, salvo a creer que él es el culpable de todos los sufrimientos de su mamá.

Sin embargo, siempre hay tiempo para comenzar de nuevo. Da trabajo, sí, pero hay que pensar en lo que está primero: sin duda, el hijo.

Es bueno repasar cuáles son las actividades que el niño puede y debe hacer solo y permitírselo, ayudarlo a que se despegue y se dé cuenta de cuántas cosas sabe hacer. Hay que hablar con las abuelas –si están ayudando a criar a los niños– y explicarles que ellas son parte del plan, que tienen mucho para darle a ese nieto, pero que por favor tengan en cuenta tal o cual cosa. Una vez alertadas, seguro que ellas tendrán buen ojo para ver cuáles son las pautas que conviene reforzar.

Es recomendable comenzar de a poco y ser práctica. Es muy posible que cuando vuelva del trabajo, la mamá que está sola esté cansadísima, que sienta que no le alcanza el tiempo para hacer los quehaceres domésticos y, además, ayudar a los chicos con las tareas escolares. En estos casos conviene organizarse, definiendo períodos para ayudarlos y otros en los que deben trabajar solos. Es decir: "Yo estoy disponible para ayudarte de tal hora hasta tal otra, después ya no, pues haré la comida o descansaré o lavaré la ropa". No se olviden de que las tareas de la escuela son responsabilidad de los chicos, no existe razón para estar corriéndolos para que se sienten a hacerlas. Ustedes, como mamás, tienen que ayudarlos a desarrollar esa responsabilidad. Y si el niñito adorado no quiere hacerla, es un problema suyo (¡aunque ustedes se retuerzan de desesperación por lo que dirá la maestra!). Claro que el niñito adorado tiene que saber que ustedes enviarán una notita a la maestra diciéndole que no hizo su tarea porque no tenía ganas.

Cuando el progenitor vive con el niño es, en general, el que se hace cargo de la mayor cantidad de aspectos de la rutina cotidiana del niño. Es el que tiene que lograr que se levante por las mañanas, el que supervisa que no haya perdido ningún útil, el que se ocupa de que cumpla con las actividades escolares... Se transforma así en el "guardia cárcel", en el "malo". El progenitor que no vive con el niño, en cambio, es el que lo ve los fines de semana y es común que argumente que, estando tan poco tiempo con él, no lo va a obligar a hacer las tareas escolares, a que se bañe o cualquier otra tarea a veces considerada desagradable por los niños. Entonces, el niño vuelve a su casa con las tareas sin realizar, sin bañarse, y tal vez justo a la hora de la comida. ¿Cómo lo recibe la madre? ¿Demostrándole que tenía ganas de verlo y dispuesta a conversar con él? ¿O regañando a su padre a través de él?

Pues tomen esto como otra oportunidad para hablar de la responsabilidad. Las tareas escolares son responsabilidad del niño y es él quien tiene que realizarlas, con ayuda o sin ella, pero la elección de hacerlas es sólo suya. Por supuesto, habrá también charlas a solas con el padre, ya que es sobre este tipo de cuestiones que los adultos tienen que ponerse de acuerdo y favorecer los espacios y tiempos para que todas las tareas puedan ser realizadas.

6

La importancia
de los abuelos

¡Qué importantes y necesarios son los abuelos! Por supuesto, me estoy refiriendo tanto a los
abuelos como a las abuelas. Si bien siempre tienen un rol importantísimo en la vida de los niños,
cuando media un divorcio, su papel se amplifica
enormemente.

Los niños necesitan a sus abuelos para que
los mimen, los cuiden y, además, para que mantengan vivos los recuerdos de sus propios padres. A los niños les encanta escuchar anécdotas
de sus papás cuando eran pequeños. Y, como ya
hemos dicho, la ayuda de los abuelos para tareas
prácticas –como buscar a los niños de la escuela, cuidarlos en los horarios de trabajo, etc.– es
inestimable.

Tal vez la misión más difícil para los abuelos sea la de mantenerse al margen del conflicto conyugal, por lo menos delante de los niños. Los nietos no deberían sentir que sus abuelos hacen alianzas con uno u otro progenitor. Es necesario recordar que los niños aman a sus padres por igual, más allá de toda pelea, y los abuelos tendrán que apoyar la actitud de los padres del niño sin que importe lo que ellos piensen.

Hay muchos niños que pueden expresar mejor su dolor o tristeza conversando con alguno de sus abuelos. En esos casos, es aún más importante que estos estén muy presentes, atentos, y que traten de no juzgar a los padres del niño. Varias veces escuché en el consultorio que los niños mencionaban a sus abuelos como referentes fundamentales, para bien y para mal. Aquí reproduzco algunas de las frases que dijeron:

- "Cada vez que voy a la casa de mis abuelos, Mumy (la abuela) me abraza y se pone a llorar porque mamá y papá se separaron. ¡Yo no sé qué hacer!"

- "Mi abuelo se enfermó porque papá se fue de casa."

- "En lo de mis abuelos me olvido de que mamá y papá se separaron, me encanta ir allí."

- "Mamama (la abuela) dice que esto es doloroso ahora, pero que va a ir pasando..."

- "Mi hermanita dice que desde que papá se fue, los abuelos vienen más seguido a casa. Eso es por que se preocupan, ¿no?"

- "Para mis abuelos es muy feo que mis papás se separen, igual que para mí."

El rol de los abuelos, como ya he dicho, es muy importante. Los nietos tienen que encontrar en ellos un remanso, un lugar donde los afectos estén seguros, un sitio que les dé continuidad. Igual que los padres, los abuelos también tienen que hacer un esfuerzo para superar el propio dolor y sostener a los nietos. Sin echarles la culpa a los niños ("te portaste mal y por eso tus papás se separaron") ni a los padres, sin opinar acerca del divorcio, sin exagerar la tristeza que sienten, deberán estar atentos a escuchar y a responder siempre con la verdad. Y muchas veces será mejor que simplemente digan: "Conviene que este tema lo hables con tu papá y con tu mamá, ellos sabrán explicártelo mejor". Hagan todo lo posible por no entrometerse y dejen pasar los chismes.

Estén preparados para que, muy frecuentemente, los nietos los sorprendan con preguntas insospechadas. Querrán saber por quién toman partido, de qué lado están, qué opinan de determinados temas. Lo más acertado será devolverles la pregunta: "¿Y tus padres qué dicen al respecto? Me parece que tienen razón". Es difícil, pero no imposible.

Los abuelos no deberían tomar partido por ninguno de los progenitores, mucho menos criticarlos. Recuerden que lo más importante es que tomen partido por ese nieto que tanto los necesita.

Tanto los padres como los abuelos deben saber que hay ciertos derechos que, en caso de divorcio, estos últimos tienen para con sus nietos. Uno de estos derechos es a mantener contacto. Así como el padre no conviviente tiene el derecho a mantener un contacto fluido con el niño, los abuelos también lo poseen.

De hecho, los abuelos no participan y ni siquiera son mencionados en los convenios realizados después de la separación, se da por hecho que los padres permitirán la relación con los nietos. Si no existen causas graves que puedan afectar a los niños, los abuelos pueden y deben seguir manteniendo contacto con ellos. Si es necesario, pueden reclamar judicialmente que se les fijen días y horarios de visita. Por otro lado, están obligados a pasar un subsidio a los nietos si los padres no pueden hacerlo.

Lamentablemente, no todas las separaciones son pacíficas. Casi siempre son dolorosas, desprolijas y muchas veces –aun de forma inconsciente– los cónyuges recurren a venganzas de todo tipo para herir al otro. Pero si los abuelos dejan de ver a los niños, los que más sufren son los más pequeños.

7

Cinco típicas situaciones de conflicto

Me he referido a las múltiples dificultades y complicaciones por las que pasan los padres al separarse o divorciarse. Aquí muestro algunas de estas situaciones típicas y sugiero ideas para encararlas.

"¡PAPÁ/MAMÁ LLEGA TARDE OTRA VEZ!"

Una situación muy frecuente es que el padre no conviviente no respete los días de visita o que le prometa al niño que irá a buscarlo y no lo haga. Frente a esta situación hay varios estilos de comportamiento:

- La madre se comunica por teléfono con el padre para decirle que el niño lo espera.

Puede ser una conversación amigable o no. El niño está escuchando.

- La madre comienza a criticar al padre haciendo comentarios descalificantes. El niño está escuchando.

- Cuando el niño nota que no vienen a verlo o a buscarlo, ella lo lleva a dar un paseo para que no se entristezca.

- La madre habla con el niño para mostrarle que ella comprende cómo se siente y que tal vez el papá no sabe que él tiene tantas ganas de verlo y que sus visitas son tan importantes para él. Le sugiere que le escriba una nota o le haga un dibujo, que lo llame por teléfono para que el papá entienda mejor.

Con seguridad, la mejor actitud es la última y, también, la más infrecuente. Pero, si lo intentan, seguro que lo lograrán. No generen cada vez, con cada salida, una discusión o un mal momento. Recuerden que el que padece es el niño. Aquí van algunas sugerencias más:

- Cuando el niño hable por teléfono con el padre, retírense de la habitación, superen la curiosidad de escuchar la conversación. No le dicten lo que tiene que decir.

- Si pudieron superar la curiosidad de escuchar la conversación, traten también de contener el impulso de preguntarle después de qué hablaron, qué les dijeron, etc.

"LA SALIDA FUE UN FRACASO"

Suele suceder que el progenitor que no convive con el niño se sienta inseguro acerca de qué hacer en el tiempo de visita. Teme contar con pocos recursos, se pregunta si su hijo querrá realmente estar con él, si sabrá encontrar las actividades que le gusten al niño. En realidad, estas preguntas son buenas. Aquellos padres que no se cuestionan estas cosas pueden encontrarse con niños que no quieren estar con ellos o que arman escenas de capricho porque se aburren o se irritan. Es muy posible que esto se deba, simplemente, a que la actividad propuesta no sea la adecuada para el niño (que no le guste o, tal vez, ese día no tenga ganas).

En las charlas con los padres y las madres puedo ver que tanto unos como otros tienen las mejores intenciones con los chicos. Es innegable que desean lo mejor para sus hijos. Pero a veces no tienen en cuenta los deseos del hijo ni tampoco la etapa evolutiva y emocional por la que está pasando.

En general, los padres quieren cubrir el vacío que creen que dejó el divorcio y entonces proponen, una tras otra, actividades, salidas y programas. Pero es posible que los niños necesiten todo lo contrario: algo que aplaque la gran conmoción interior que sienten. No quieren verse aturdidos por el exterior y sin espacio para hablar o pensar.

Otros niños, en cambio, eligen este aturdimiento y saltan de una actividad a otra sin profundizar en nada, pues lo que buscan, en realidad, es no pensar ni hablar del tema. A veces los padres también prefieren estas actitudes para los niños, pues todo parece más fácil, pero en algún momento comenzarán a reprocharle al hijo que nada lo conforma y que todo lo aburre. Lo que los padres deben tener claro aquí es que si la familia no elabora la situación en lo inmediato, arrastrará las consecuencias y el dolor no cederá. Aunque duela, es indispensable generar espacios para hablar en lugar de aturdirse.

En una de las consultas, un papá muy angustiado me contó lo siguiente: "El fin de semana estuve con Federico y le propuse ir al cine, aceptó y fuimos. Si bien era una película para chicos, lo noté poco entusiasmado. Al salir, le pregunté si le había gustado y me dijo que sí. Como seguía silencioso, le pregunté si quería decirme algo. Me dijo: "sí, papá, quiero decirte que yo no necesito hacer cosas todo el tiempo, yo quiero que estemos juntos, no importa si vamos a un lado o a otro. Quiero saber cómo te sientes, si te sientes triste, si tienes una novia, si extrañas a mamá. Pero si todo el tiempo me llevas de un lado a otro, nunca podemos hablar, ni te puedo contar nada. Tú me preguntas nada más que por el colegio".

Fue un golpe duro para un padre que se ocupaba de su hijo, pero que, en realidad, nunca había tomado en cuenta las necesidades del niño.

No es necesario estar todo el tiempo haciendo dibujos, construcciones, viendo videos y películas. A veces es necesario proponer una conversación o escuchar a los hijos. Simplemente estar, estar disponible.

LA MÁQUINA DE PEDIR COSAS

Es muy cierto que existen niños que son una máquina de pedir y no se conforman con nada. Pero nadie les hace un bien al decir que sí a todos sus deseos, más allá de que puedan o no cumplirlos.

Hay padres y madres separados que, para ganarse la simpatía de los hijos, tienden a convertirse en un "Papá Noel de fin de semana": les compran muchas cosas, organizan salidas espectaculares, permiten todo lo que mamá/papá no los deja hacer. Como ya debe ser evidente a esta altura del libro, esta actitud es muy dañina para los niños. Los confunde, les transmite inseguridad y no les inculca sentido de la responsabilidad ni de la realidad. Les deja, además, una pésima enseñanza: que el amor se mide a través de regalos y caprichos.

Por eso es bueno tener en claro que el clima de la salida o de la visita lo genera el adulto. Es importante que la pasen bien, por supuesto, pero sobre todo, que se sientan queridos, contenidos y seguros. Como ya he dicho, cuando los padres se divorcian, los hijos –aunque no lo expresen– sienten mucha soledad y desamparo. Si los padres piensan que mostrarán su amor a los hijos a través de una carrera loca para satisfacer caprichos, comprar juguetes o transgredir reglas que eran válidas hace pocos meses, los niños se sienten peor aún.

Por otra parte, hay algunos niños que se resisten a aceptar la separación de sus padres y, a cambio, inventan historias maravillosas de viajes con futuros regalos y cosas por el estilo. Aquí también es tarea del adulto decirles las cosas como son: "Mamá y papá están separados, ya no vivimos todos juntos. Tal vez lo olvidaste. Pero estate seguro de que nunca te dejaremos de querer y cuidar". Los padres deberán comprender que el divorcio es una verdad difícil de aceptar y que por ello, a veces, los hijos se refugian en un mundo de fantasía. Lo importante es que ustedes no crean en ese mundo. Quiero decir, que no piensen que deben hacerlo realidad, ni menos aún aceptarlo como verdadero delante de otras personas.

No intenten encontrar remedios mágicos para evitar que el niño se angustie frente a la separación. No existe tal remedio. Y tampoco traten de anular su propia angustia en un mar de regalos.

Esfuércense por estar juntos, compartir lo que sienten y tener paciencia.

¿FELICES FIESTAS?

Los festejos anuales que marcan las diversas tradiciones –ya sean religiosas o no– suelen ser celebraciones centradas en la familia. En los hogares en donde se ha producido un divorcio, es muy posible que, más que alegría, generen tensión y angustia. Se reactivan recuerdos de otras fiestas, especialmente en los chicos, y con frecuencia aparecen sentimientos de pérdida y tristeza.

De nuevo, son los adultos quienes marcan el clima del encuentro. Es decisión de los padres cómo, dónde y con quién pasarán las fiestas los niños. Si papá y mamá no se ponen de acuerdo, es casi inevitable que los niños se sientan presionados y sufran conflictos de lealtad. Si, en cambio, los grandes llegan a un entendimiento, los chicos aceptarán cualquier decisión.

Desde ya, es importante que las llamadas telefónicas estén autorizadas. La prohibición de comunicarse con el otro progenitor provoca resentimiento y dolor. No es cuestión, tampoco, de que el niño esté llamando todo el tiempo. Si esto sucede, tendrán que preguntarse qué está pasando. ¿El niño estará controlando al otro padre? ¿Le estará demostrando que no se ha olvidado de él?

Aquí también, la sugerencia es estar atentos todo el tiempo y encontrar, tal vez, otra posibilidad para conversar con el niño acerca de aquello que lo está preocupando.

VACACIONES AGOTADORAS

Como toda actividad en conjunto, las vacaciones requieren una planificación especial. De nuevo, la organización está en manos de los adultos y los acuerdos entre los padres son indispensables.

Es conveniente, pero no sencillo, conciliar gustos y preferencias, tanto de los padres como de los niños. Pero tanto unos como otros necesitan espacios y tiempos propios. Quiero decir que habrá un tiempo en que el padre o la madre compartirán con los hijos, pero también es importante que los adultos se reserven un momento sin niños. Por ello, es necesaria la organización: por ejemplo, para que haya alguien que se ocupe de los niños cuando mamá o papá deseen salir, solos o acompañados, a dar un paseo o a tomar un café. No es sencillo para un padre ir a la playa con un niño pequeño y estar solo con él todo el día. Atenderlo, cuidarlo, incluso jugar con él, puede resultar muy cansador. No son sencillas las vacaciones de padres o madres solos.

8

La comunicación triangular

Repetidas veces menciono, tanto en mis escritos como en la consulta, que en los tiempos que nos tocar vivir todos tenemos sobrados motivos para estar de malhumor, tensos, irritables o nerviosos. Es muy cierto, pero eso no nos da ningún tipo de "derecho". Podemos darnos cuenta de que nos sentimos mal, pero no por eso estamos autorizados a generar situaciones desagradables para los demás. Al contrario, al notar que no estamos bien, debemos hacer lo posible para controlar nuestra conducta, nuestro vocabulario y nuestros gestos. Esto se aplica también a la forma de hablar con los niños, y me parece muy positivo que los adultos reflexionen acerca del tipo de comunicación que tienen con sus hijos.

Una complicación que surge a menudo en familias con padres separados es la de los mensajes cruzados o la "intermediación" que un padre decide asumir frente al otro. Ya mencionamos el caso de un padre hablando mal del otro, pero en ocasiones también puede darse lo contrario: para que el niño no tenga una "mala imagen paterna o materna", el padre en cuestión intenta mostrar una imagen mejorada de su ex pareja. Es decir, se coloca en el medio entre el niño y su papá o mamá.

En un caso, el hijo le pregunta a su madre: "¿Por qué papá no vino al acto del colegio, si hoy no trabaja?". La madre responde: "Papá no pudo venir porque tuvo que trabajar mucho y estaba cansado...". Tal vez sea verdad, pero si la respuesta es siempre la misma o parecida, esa mamá está "dibujando" a un papá que no es el real. Además, el niño se preguntará pronto: "¿papá no podía avisarme que no iría?".

En otro caso, una niña se queja: "Mami siempre está gritando, ¿por qué?". El padre le explica: "Es que está muy cansada porque todos ustedes le dan mucho trabajo, hay que tenerle paciencia". Aquí también surge un dibujo irreal de una mamá. Y, encima, ¡qué tarea para la niña!

¿Qué hacer? Simple, aunque no fácil. Dejar de dibujar la figura que no es. Mostrar al padre real será positivo, en especial si se le sugiere al niño que él mismo le haga las preguntas que correspondan: "No sé por qué no pudo venir. ¿Qué te parece si se lo preguntas cuando lo veas?".

Otro hecho frecuente es que uno de los adultos haga de transmisor de las inquietudes del hijo. "Me dijo Julián que quiere que vayas a la plaza con él y que le enseñes a andar en bici". Y allá va el adulto "informado" a cumplir los deseos del niño, que no le ha dicho nada a su padre.

Estos estilos de comunicación son muy comunes y se prestan al malentendido. Lo más conveniente es tratar de desarticularlos. Si bien los padres y las madres son propensos a promover los deseos de cualquiera de sus hijos, es mejor que determinadas cuestiones sean habladas o preguntadas en forma directa, tanto por el niño como por los adultos. Es posible favorecer este tipo de comunicación sin vueltas sugiriendo acciones como: "Hoy me dijiste tal cosa de papá, ¿por qué no se lo comentas a él? Seguro que sabrá darte una respuesta". De esa manera ayudarán a los niños a comunicarse en forma franca y a obtener respuestas confiables.

Si este estilo de comunicación crea consecuencias negativas en familias integradas, imaginen cuánto más amplificados pueden ser los problemas en una familia que está atravesando un divorcio o en la que la pareja ya se ha divorciado.

A este tipo de comunicación la llamo triangular, ya que no es directa: se establece a través de una tercera persona. Necesita tres vértices para funcionar: el niño le habla a la mamá y ésta le dice a papá. A la inversa, papá le habla a la mamá y ésta le transmite al niño.

En las familias con padres separados, es muy frecuente que sea uno de los hijos quien se ubique en el rol de transmisor de información y deseos. Pero, así como los niños no son los que deben recibir la mensualidad destinada a la madre, los recibos y las citaciones, tampoco tienen por qué ser los mensajeros ocultos de los padres.

Es verdad que para muchas ex parejas resulta difícil comunicarse. Pueden hacerlo por intermedio de un familiar, un amigo en común o bien por los abogados, ¡pero no lo hagan a través de los hijos! Gracias a mi experiencia en el trabajo con niños de padres separados, puedo decirles que ellos se sienten sumamente incómodos y tensionados cada vez que deben dar un mensaje de uno de sus padres al otro (y esto también es válido cuando tienen que entregarles algo). Es inevitable que se sientan en falta y desubicados. Y en realidad es tarea del adulto ubicar al niño en su lugar de niño.

Como vemos, reflexionar sobre el tipo de comunicación que generan las parejas separadas es muy importante a la hora de posibilitar una relación más fluida entre los miembros de la familia.

Capítulo 4

Familia ensamblada

No temas al otoño, si ha venido.
Aunque caiga la flor, queda la rama.
La rama queda para hacer el nido.

Leopoldo Lugones

1

Entra en escena...
la nueva pareja

En la mayoría de los casos, los padres separados comienzan a sentir la necesidad de una nueva pareja. La soledad está demasiado presente y no es fácil sostenerla, suele despertar temores y trae recuerdos de historias pasadas. Desde ya, no es adecuado que, para no sentir esa soledad, las madres o los padres se vuelquen exageradamente hacia los hijos. Pero para encontrar un nuevo compañero de ruta, los adultos deben recorrer, primero, un camino de conocimiento personal. Hacerlo no sólo los ayudará a ellos mismos, sino que favorecerá también a sus hijos.

¿Qué ocurre cuando el padre o la madre comienzan una nueva relación de pareja? ¿Qué conviene hacer? ¿Cómo decírselo a los niños? ¿Cuál es el momento más adecuado?

¡Cuántos interrogantes, cuántas dudas inquietan a los padres separados! Pero a pesar de que pueda parecer lo contrario, lo mejor es que sí se cuestionen estos temas. No es sencillo. Por momentos se preguntarán si no tienen derecho a ser felices y a entablar una nueva relación con total libertad, pero a la vez sentirán muchas inquietudes. Esto quiere decir que están pensando demasiado, que no actúan por impulso. Sí, están en lo cierto, tienen todo el derecho del mundo a intentar una nueva pareja, pero también tienen la obligación de percibir qué están sintiendo sus hijos y de pensar cuál es la mejor manera y el mejor momento para presentarles la nueva situación.

Hablemos de tiempos: a partir de la llegada de los hijos al matrimonio original, hubo un tiempo para compartir momentos buenos y agradables. Lentamente fueron llegando los desacuerdos, discusiones y peleas. Así sobrevino la separación, el divorcio.

En las últimas etapas, los niños sufrieron mucho. Por momentos no comprendían, se enojaban alternativamente con uno y con otro progenitor. Tal vez hayan mostrado problemas de conducta, regresiones, dificultades de aprendizaje, cuestionamientos violentos. De a poco, a medida que la situación se fue estabilizando, los niños adquirieron mayor serenidad y aceptaron, en parte, la situación: la familia está desarmada y uno de los padres ya no vive con ellos.

Todo esto puede haber ocurrido de ese modo, partiendo del supuesto de que la relación entre los cónyuges haya sido medianamente equilibrada. Me refiero a que haya habido acuerdos básicos, a que, si bien la separación fue dolorosa para todos los miembros de una familia, los que tomaron la decisión supieron llevar adelante el proceso de sostener emocionalmente a sus hijos.

Suele ocurrir con mucha frecuencia que el progenitor que deja la casa no resiste vivir solo y, muy rápidamente, establece una nueva relación que no resulta muy duradera. Va cambiando de compañera/o y los niños van conociendo a cada una/o. Esto no es lo mejor para los niños.

Para informarle al niño que están conociendo a otra persona, sería ideal que estuvieran seguros de la relación o, por lo menos, sentir que hay cierta estabilidad en el vínculo. Por supuesto, el momento no se encuentra de forma automática. No es como apretar un botón del control remoto y cambiar de canal de televisión, es bastante más complejo.

Como ya hemos dicho, una vez que hablaron sobre el tema, los adultos deben darle tiempo al niño, observar sus reacciones y escuchar las preguntas que haga. Es, sobre todo, hora de esperar. Si el niño no vuelve a sacar el tema, podrían hacerlo ustedes. De a poco, por ejemplo: "Ayer fui al cine con Fulana/o". O bien: "Ayer le hablé de ustedes a Fulano/a". De nuevo, ahora resta observar, contestar inquietudes y, tal vez, hacer preguntas sencillas acerca de si le gustaría conocerla o conocerlo.

Sin apuro, llegará la oportunidad de organizar el encuentro, que ha de ser breve. Al finalizar una salida "como siempre", pueden encontrarse en algún sitio para compartir una gaseosa o un helado. No más tiempo que eso: es la primera vez. Es importante que el niño mantenga su rato a solas con su papá/mamá. No es conveniente armar un programa que dure el día entero o toda la tarde con la nueva pareja. El niño tiene que ir adaptándose de a poco a esta situación, que seguramente generará en él ansiedad y muchos interrogantes.

¿Cuáles son esos interrogantes? Ante todo, cuando se enteran o sospechan que existe "alguien", se preguntan si será bueno o malo, lindo o feo, mandón o divertido, también, si tendrán que contarle a mamá o papá.

Una vez que se produce el encuentro, pueden pasar muchas cosas. Es posible que los niños teman admitir que el "nuevo" les gustó o que les pareció bien, porque el otro progenitor podría sentirse mal. Por lo tanto, critican y hacen bromas en contra de la nueva pareja, pero cuando están con ella/él, muestran otra conducta, se sienten cómodos y disfrutan el momento. Recuerdo a un niño que llegó a la consulta después del divorcio, cuando su papá ya tenía una nueva relación. Me contó que la novia del papá era "linda", que lo trataba muy bien y que siempre jugaba a juegos de mesa tanto con él como con su hermanita. "Pero a mamá no le digo nada de eso, para que no se ponga celosa. A ella le digo que la novia de papá es fea y que no nos presta atención."

En casos como éste, los niños están mostrando que sienten que deben proteger a sus padres, que ellos son los "cuidadores". Es por ello que conviene hablar de estos temas con los hijos antes de que sucedan los acontecimientos. En el caso anterior, adelantarse significa mostrarles que nada es mejor para ellos que ver a sus hijos cómodos con la nueva pareja del otro progenitor. Claro que para poder hacer y decir este tipo de cosas, es necesario que los padres tengan bastante elaborada la situación de divorcio. Y diría que aunque a ustedes les duela el hecho de que exista otra pareja en la vida del "ex", es conveniente que se sobrepongan a ese sentimiento y muestren a los hijos que es muy bueno que ellos se lleven bien con la nueva pareja.

Para tener la fortaleza necesaria, será bueno que reflexionen sobre algunos puntos y que echen una mirada franca hacia el interior de ustedes mismos. Pregúntense cuáles son sus temores: "¿Tal vez los niños se lleven mejor con la otra persona, la querrán más, se divertirán más? ¿Empiezo a sentirme solo o sola? ¿La nueva pareja tratará bien a mi hijo?".

Los temores pueden ser muchísimos y variarán según las personalidades y las diferentes historias de vida de cada individuo. Pero no tienen nada que ver con el sostén que los padres deben darle a los niños. Una vez más son ustedes los que han de estar en un segundo plano para proteger y ayudar a sus hijos: recuerden que, en este momento, ellos están sufriendo un conflicto de lealtades.

2

Algunas sugerencias

Durante mucho tiempo las palabras madrastra y padrastro tuvieron una connotación espantosa. Recordaban a los personajes más desagradables de los cuentos, a hombres y mujeres perversos que rechazaban a los niños, hacían diferencias y los maltrataban. Nadie quería cargar con ese mote. En la actualidad ya no es así, porque es sabido que en muchos casos las nuevas parejas de los padres cumplen roles adecuados y favorecen los vínculos sanos. Sea como fuere, cuando se refieren a ellos, los niños prefieren referirse a la "esposa de mi papá" o al "marido de mi mamá". O, más fácil aún, llamarlos por su nombre.

Cuando uno de los padres logra formar una relación estable y existe el deseo de que los niños conozcan a la nueva pareja, será importante tener en cuenta ciertas cuestiones. Como ya hemos dicho, la presentación debe ser hecha en forma paulatina y en pequeñas dosis. Pero también es importante que el padre o la madre del niño marque las pautas que su nueva pareja deberá respetar frente al niño. Para un encuentro exitoso, es fundamental que ambos conversen acerca de estos temas antes de que "el nuevo" conozca al niño.

Las pautas básicas son las que atañen a un trato respetuoso. Conviene que la nueva pareja tenga en cuenta ciertas cuestiones:

- No llame la atención del niño por algo que haya hecho o dicho inadecuadamente, mucho menos lo maltrate. Al principio, es mejor dejarle las observaciones al padre o a la madre.

- No hable ni opine demasiado. En los primeros tiempos es mucho más importante estar atento y escuchar, salvo que el pequeño pida expresamente lo contrario.

- No sabotee las reglas definidas por los padres.

- No entre en competencia con los padres biológicos. Hay quienes piensan que así podrán establecer una buena relación con el niño ("yo soy más bueno, más divertido, etc."). Esto no le hace bien ni al pequeño ni a los adultos.

- No conviene que intervenga en conflictos del niño con sus padres, no tome posición. Es preferible que se mantenga al margen de este tipo de situaciones.

- No sobreactúe su simpatía o su cariño. Recuerde que los niños son muy perceptivos y enseguida detectan actitudes falsas. Esto no los ayudará a confiar en usted.

- Si hay más de un niño, no haga diferencias. No es nada sencillo, pero tenga en cuenta que siempre existe cierta rivalidad entre hermanos. Si la nueva pareja se inclina más hacia uno de los niños, también generará problemas.

Y sí, no es nada sencilla la situación. Pero se trata de lograr el mayor bienestar para los niños. Y es el padre o la madre quien debe ocuparse de estas cuestiones a la hora de integrar a su nueva pareja.

3

¿Sabes una cosa? Vas a tener un hermanito

Cuando una familia recibe un nuevo integrante, lo más común e inevitable es que el hijo mayor se sienta desplazado. La forma en que el niño manifiesta este sentimiento varía de acuerdo con su edad, su personalidad y el tipo de vínculo que haya establecido con sus padres. Pero lo esperable es que sienta ambivalencia, es decir, afecto y rechazo por el nuevo personaje que irrumpió en su vida. Es un momento en el que se producen muchos movimientos en la familia: se necesita más colaboración, más organización, tal vez alguna abuela con mayor presencia. Además de atender al recién nacido, los padres tienen que estar atentos para con el o los hijos mayores. Todo es más trabajoso, pero también hay muchas gratificaciones.

Ahora bien, si la llegada de un hermano plantea una situación crítica para el niño y sus padres cuando la familia está unida, esto es muchísimo más notorio cuando hay un divorcio de por medio.

Aparecen sentimientos de ambivalencia tanto hacia el recién nacido, como hacia el padre o la madre y su nueva pareja. Si, además, el niño no convive con el progenitor que ha tenido el nuevo hijo, la sensación de desplazamiento será aún mayor. El niño sentirá que tiene menos posibilidades de expresar lo que le ocurre, ya que está lejos. Es posible que comience a aislarse, que se vuelva muy irritable, sensible y propenso al llanto. Todo dependerá de su edad, sus características y su relación previa con el grupo familiar.

En este período, el hijo más grandecito los necesita mucho. Es positivo que ustedes le demuestren que comprenden lo que le sucede y que le insistan en que es razonable que se sienta celoso e incluso enojado, pero asegurándole que de a poco se va ir sintiendo mejor. Tengan en cuenta la enorme cantidad de cosas que se le está pidiendo a este chico: que sobrelleve el divorcio de papá y mamá, los cambios en la vida cotidiana, las tensiones, inseguridades y variados sentimientos que lo invaden. Si a todo esto le agregamos la llegada de un hermanito, es fácil entender que, para él, sea demasiado.

Por todo lo que he dicho hasta aquí, es recomendable que traten de esperar un año y medio o dos hasta tener un nuevo hijo. En ese momento, todo será más sencillo, ya que el niño habrá tenido tiempo de elaborar el divorcio de los padres –con todo lo que implica– y de aceptar a la nueva pareja.

Si, en cambio, la relación con el progenitor que va a tener un nuevo hijo y su pareja no está bien consolidada, la llegada de un hermano no será bien recibida ni resultará fácil para el niño. Aumentarán los sentimientos de celos, inseguridad y desconfianza, justo en el momento en el que el niño está en proceso de recomposición: se está adaptando a la nueva situación, que incluye, tal vez, la convivencia con el nuevo adulto. Es posible que, al mismo tiempo, esté conociendo a la pareja del otro progenitor. ¡Es demasiado! No se le puede pedir que, además, reciba con alegría a un hermano. Son muchas las presiones que soporta y un padre responsable intentará proteger a su hijo de situaciones como éstas.

Para que se aproximen a lo que siente y piensa un niño en estas circunstancias les doy un ejemplo verdadero. Micaela tiene 8 años y sus padres están divorciados desde hace un año y medio. Su papá tiene una nueva pareja y, de esa unión, ha nacido Ana. Micaela sufrió mucho con la noticia del nacimiento de su media hermana y, en una de las sesiones, me dijo: "Ella tiene todo el tiempo a mi papá y yo sólo lo veo un día del fin de semana. Así es fácil que mi papá, de a poco, se vaya olvidando de mí. Todos los grandes prefieren a los bebitos". ¡Cuánto dolor reflejan estas palabras! De nuevo sugiero que no se apresuren, que les den tiempo a los niños para atravesar estas situaciones complejas.

4

Mi propia "familia ensamblada"

Las familias ensambladas son una forma de organización familiar en la que uno o ambos miembros de la pareja tienen hijos de una unión anterior. Este estilo familiar es cada vez más frecuente. En muchos casos, los miembros de esta unión intentan sostener un funcionamiento igual o similar al de las familias tradicionales. Pero no son una familia tradicional porque su funcionamiento es diferente. Y al no aceptar las diferencias es que se producen los fracasos, con el consiguiente perjuicio para todos sus miembros y, en particular, para los niños.

Una de las grandes diferencias a tener en cuenta es que una familia ensamblada se establece sobre la base de pérdidas muy importantes: la muerte de un progenitor, un divorcio, el cambio en la relación diaria del niño con sus padres, tal vez una mudanza, cambios de colegio, de barrio, de amigos. El niño pierde la ilusión de la reconciliación de sus padres. En las familias ensambladas están claramente presentes los sentimientos de dolor y pérdida, que no siempre se pueden elaborar en forma adecuada.

Además, hay diferencias funcionales: los niños van de una casa a otra para visitar a sus padres, los roles parentales son desempeñadas por más de dos adultos, la estabilidad y la organización tardan en afianzarse y son más complejas. Aparecen, de golpe, nuevas personas en la vida familiar de los niños. Estas variables son muchas y muy difíciles de procesar. Como siempre, los padres deben estar atentos a las reacciones de sus hijos y darles los tiempos que ellos necesiten, tanto de soledad como de compañía.

En este tipo de familias, los integrantes atraviesan un lento proceso de aceptación mutua, es un camino largo que depende de muchas variables. Es comprensible que, en el niño, genere estrés (el mismo que padecen los adultos). Por lo tanto, será positivo favorecer la comunicación, establecer reglas coherentes de funcionamiento familiar, aprender a negociar y controlar la angustia.

Cuando me refiero al estrés que produce la convivencia en una familia ensamblada o mixta, quiero decir que la relación entre padrastro/madrastra e hijastro/a no sólo los involucra a ellos dos, sino a varias personas más. Intervienen, por lo menos, el padre y la madre biológica, pero puede haber también algún hermano o hermanastro, un nuevo abuelo, etc. La tarea a la que se enfrentan todas estas personas suele ser agobiante.

Existen algunos factores en este tipo de familias que es bueno tener en cuenta:

- Si la relación entre padrastro/madrastra e hijastro/a es adecuada y medianamente cordial, es posible que la relación entre la pareja sea más fluida y duradera.

- Como se mencionó anteriormente, los roles bien definidos y el respeto de las reglas previas por parte de la nueva pareja favorecerán el funcionamiento familiar.

- Tal vez lleve un tiempo construir un vínculo afectivo entre el padrastro o la madrastra y los niños. Para los niños no es sencillo querer a esta nueva persona que ingresó en sus vidas. Los aliviará saber que por el momento sólo tienen que respetarla y aceptar lo que su padre o su madre ha decidido.

En general, cuanto más conflictiva haya sido la separación, más difícil será para el niño la aceptación y la integración de la nueva forma de vida.

Vuelvo a recordarles que es el niño quien tiene que lidiar con las lealtades, los enojos y las culpas que experimentan hacia sus padres biológicos.

Pero más allá de que existan conflictos múltiples en el funcionamiento de este tipo de familias, una convivencia más o menos armónica es posible. No todos los niños que se desarrollan en grupos ensamblados son "niños problema".

Al contrario, es posible que los problemas se vengan "arrastrando" desde una situación familiar caótica previa a la separación. Tal vez, la nueva familia pueda ofrecer la contención que antes no existía. Para aprovechar este nuevo horizonte, los padres deben ayudar a sus hijos para que no se sientan culpables, ni dejados de lado, ni abandonados. Es una tarea que tiene que ver con la reflexión, con el hecho de no insistir en los enconos y reproches a la ex pareja, para poder pensar en hijos que puedan crecer más fuertes y seguros. Es, también, prevención: así se anticipan a problemas posteriores, más graves, y se evita que los conflictos del niño aumenten.

Les propongo una simple tarea, no les tomará más que unos minutos: escriban en un papel los nuevos temas y personas que giran alrededor del niño a partir del divorcio de sus padres. Agreguen ustedes los sentimientos del niño frente a cada uno de ellos.

- mamá
- papá

- madrastra
- padrastro
- hermanos
- hermanastros
- abuelos
- escuela nueva
- amigos nuevos
- casas nuevas
- reglas nuevas

Les sugiero que se detengan a reflexionar acerca del diagrama, que revisen las características personales de cada uno de los personajes, que observen si existe empatía entre ellos y el niño, que piensen si todos ellos lo sostienen, le brindan seguridad y tranquilidad y lo acompañan tanto como él lo necesita. Pueden también revisar si todos los adultos de este esquema mantienen y respetan las mismas pautas en la educación del niño.

Seguramente encontrarán algunas respuestas positivas y otras no tanto. Sólo les pido que traten de imaginar lo que el niño puede sentir ante tantos cambios. Como se darán cuenta, la conmoción es muy grande y ellos sólo son niños. Los necesitan a ustedes fuertes, firmes, cariñosos y muy comprensivos.

5

Nubarrones que
no se van

El divorcio se produjo: cada progenitor tiene su casa, las rutinas se han modificado, ya nada es como antes. Es así, todo cambió, y parece nacer un nuevo equilibrio. Pero cuidado, aún quedan muchas piedras en el camino.

LOS NIÑOS TIENEN MIEDOS

La separación de los padres genera muchas sensaciones y, entre ellas, temores de todo tipo. Cuesta un tiempo superarlos y son los adultos los que tienen que ayudar al niño a elaborar sus miedos nuevos. Si los padres están atentos a las conductas de sus hijos, podrán percibir sus angustias, que varían de acuerdo con las diferentes edades y etapas de los hijos.

Los niños de 2 a 6 años tienen temor al abandono del progenitor que convive con ellos, a quedarse solos con personas que no conocen, incluso a quedarse sin su casa. ¿Cómo pueden darse cuenta los adultos de que esto está sucediendo? Los pequeños lo muestran lloriqueando más que de costumbre, sobresaltándose o despertándose durante la noche. También a través de conductas regresivas tales como llevarse el dedo a la boca, recurrir excesivamente a "la mantita", volver a mojar la cama. A veces, incluso se niegan a jugar. Cuando alguna de estas conductas aparece, de nada sirve castigarlos o retarlos. El niño está tratando de volver a una situación anterior en la que se sintió más seguro. Lo más aconsejable es que los adultos reflexionen acerca del ambiente en el que está viviendo el niño: ¿hay estabilidad?, ¿el clima familiar es agradable y acogedor?, ¿puede sentirse seguro y cómodo?, ¿puede expresar con tranquilidad sus emociones y sus sentimientos?, ¿eso sucede con los dos progenitores?

Los niños mayores de 6 años, después de saber que sus padres se separan, pueden tener dificultades en el colegio (ya sea de aprendizaje o de conducta). Tienden a estar más solitarios, algunos comienzan a morderse las uñas, sienten que han sido dejados de lado: no pueden comprender cómo, si sus padres dicen que los quieren tanto, hagan "esto" que los hace sufrir.

Es recomendable dedicar más tiempo al niño, escucharlo con atención, sin estar haciendo otra cosa mientras él habla. Los padres pueden enseñarle a poner un nombre a lo que siente. Pueden proponerle hacer un dibujo acerca de la situación o ponerle un color a su emoción. Seguro que a ustedes se les ocurrirán muchas otras variables para hacer que su hijo exprese los sentimientos que lo angustian y comience a sentirse más seguro.

EL NIÑO INDEPENDIENTE... ¿O SOLITARIO?

Es común que los padres separados consideren que, a partir del divorcio, sus hijos se han vuelto más independientes y más maduros. Pero atención: el niño puede estar viviendo esa independencia como una carga, puede sentirse obligado a parecer maduro, por muchas de las razones que enumeramos en capítulos anteriores (preocupación por los padres, miedo a generar más peleas, etc.).

El efecto de esta "independencia" puede ser, tal vez, un aislamiento exagerado. Recuerdo a una madre que me decía de su hija: "Ahora no sé qué tareas tiene que hacer, ni cuáles son sus horarios, y casi no se ve con sus amigas". La chica en cuestión tenía 14 años. No era más madura e independiente, sino que se había aislado completamente de su grupo. Siempre contestaba que ya había estudiado todo y que había completado las carpetas. Y aunque no lo había hecho, ésa era su respuesta para evitar que su madre se preocupara. Estaba muy triste y se sentía sola, evidentemente, su mamá estaba muy ocupada con su propio dolor y no supo ver qué estaba pasando. Como es lógico, a fin de año la niña tuvo serios problemas de rendimiento escolar.

Los padres tienen que estar alertas frente a los hijos que parecen "súper maduros". Traten de conversar con ellos, de escucharlos, de comentarles que notan que algo les está pasando. Seguramente no obtendrán una respuesta inmediata, pero ya el hecho de que el niño o adolescente sienta que ustedes están ahí lo aliviará. Vuelvan sobre el tema en otro momento, presten atención. Tal vez haya que explicar todo de nuevo: volver a dar las razones que se dieron antes acerca de la separación o el divorcio, repetir cómo son los nuevos roles y actividades y, fundamentalmente, escuchar lo que los niños tienen para decir.

Los adolescentes se refugian mucho en sus amigos, o en un amigo íntimo. A veces pueden tener una conversación más profunda con ellos que con sus propios padres. Eso es muy valioso.

En los preadolescentes, las reacciones ante el divorcio pueden ser muy diversas. Algunos se aíslan y se refugian en sí mismos, no salen y no se conectan con sus pares. Otros toman la actitud opuesta: salen, no respetan ningún horario, están "desbocados". Tanto una conducta como la otra son formas de llamar la atención y deben funcionar como un alerta para los padres (para ambos padres). Y es preciso que les hagan saber que están preocupados por ellos. Por supuesto, no se trata de retarlos. Al contrario: conversen, pregunten, escuchen.

Para poder prestar atención y atender a los hijos de manera eficaz, ustedes tienen que sentirse fuertes. Ustedes no son culpables de lo que pasó, las cosas sucedieron de esta manera, hubo errores y heridas en todos. Pero ahora deben pensar que la vida es "de aquí para adelante". Los hijos sufren y los adultos también, pero el rumbo lo deben marcar ustedes.

¿Y QUÉ PASA CON PAPÁ Y MAMÁ?

Cuando una pareja se divorcia surgen muchísimas tareas nuevas, algunas inesperadas. Como adultos, tendrán que acomodarse a la situación de "ex": ex pareja, ex yerno, ex cuñada, etc. Uno de los dos tiene que dejar el hogar conyugal, buscar donde vivir, instalarse, equipar la nueva vivienda. El otro debe aprender a llevar la casa solo, con menos ayuda y más responsabilidades.

En la etapa que sigue inmediatamente a la separación son frecuentes las sensaciones de fracaso, tristeza, desánimo, culpa. A veces, aparecen expresiones de agresividad y una mayor impulsividad.

Pero estos síntomas van desapareciendo cuando las personas comienzan a elaborar la situación. Lo más común es que, alrededor de dos años después de ocurrida la separación, se estabilicen tanto los niños como los adultos.

Sea como fuere, ambos deben hacerse cargo de muchas tareas que antes eran compartidas. Esto puede generar un sentimiento de soledad muy similar al que sufren los niños. A la vez, tener que reorganizar la propia vida en función de los cambios generados por el divorcio pone en juego muchas emociones: aparecen la inseguridad y la culpa, la autoestima disminuye, surge un fuerte temor al futuro.

Se han realizado estudios en los que se comprueba que, para eludir estos sentimientos dolorosos, muchos hombres se hunden más en el trabajo o buscan la diversión y la bebida. Las mujeres, por el contrario, se deprimen y tienden a automedicarse. En todos estos casos, los amigos ayudan, pero si la angustia persiste, lo más indicado es consultar a un terapeuta. No olviden que ustedes, como adultos, necesitan estar fuertes para afrontar todas las situaciones que trae aparejado un divorcio, en especial si hay niños.

Los hijos necesitan padres y madres fuertes. ¿Qué entendemos por ello? Padres que asuman sus roles con convicción. Que entiendan que el proceso es doloroso, que habrá situaciones que podrán manejar mejor que otras, que habrá momentos en que estarán más disponibles y dispuestos que otros. Que tengan claro que también necesitan divertirse, salir con amigos, leer un libro o no hacer nada: momentos sin obligaciones, sin "tengo que". Tengo que ir a comprar algo, tengo que ayudar a Fulanito a hacer la tarea, tengo que llamar a tal o cual, etc. Ustedes cuidan y protegen a sus hijos, pero ¿se cuidan y protegen a ustedes? Si ustedes no están bien, tampoco lo estarán los niños.

Estoy convencida de que los padres se deben cuidar tanto a sí mismos como a los hijos. Es difícil, ya que estas tareas son simultáneas. Los padres no pueden ocuparse primero de sí mismos y después, cuando ya se sienten fuertes, ver qué pasó con los hijos. El cuidado debe darse al mismo tiempo y, si hubiera que poner a alguien primero, ya se imaginarán que creo que primero están los niños.

Habrá días en que se sentirán mejor, que notarán que son más exitosos y claros con los hijos. Y habrá otros en que se equivocarán, que tendrán que dar marcha atrás y retomar el rumbo. No pierdan de vista que se trata de un proceso largo en el que habrá marchas y contramarchas. Es así: cuanto más pronto lo acepten, mejor se sentirán y más eficaces serán para con los niños.

También es posible que en algunos miembros de parejas que se han separado surjan habilidades y capacidades que antes no sabían que tenían (tal vez por el tipo de pareja disfuncional que habían desarrollado). Tal vez ahora sientan que pueden animarse a hacer cosas que antes no hacían. Animarse a ser más creativos, más relajados, más ordenados, menos malhumorados, más puntuales, etc.

En muchos matrimonios hay tareas que siempre son realizadas por uno de los integrantes. Por ejemplo, el manejo del dinero, las compras del supermercado, el pago de las cuentas, etc. Al producirse el divorcio, esas tareas ya no se pueden delegar. Pero pronto notarán que no es tan complicado hacerse cargo de muchas de ellas. Verán con satisfacción que ustedes también son capaces de hacerlas.

Finalmente, les recuerdo que explicitar sus estados de ánimo en dosis "normales" es bueno. Además, uno siempre puede disculparse por algún exabrupto, reírse de ciertas torpezas cometidas, etc. Así, mostrarán a los niños que para ustedes la situación también es difícil y, a la vez, les estarán enseñando que es bueno expresar los propios sentimientos.

6

Situaciones frecuentes

Tal vez sea ilustrativo relatar algunas de las muchas situaciones por las que atraviesan las familias cuyos padres deciden separarse de acuerdo a mi experiencia en consultorio.

Como cada familia es singular, particular, única e irrepetible, los acontecimientos no suceden de manera idéntica, pero generalmente se observan muchas similitudes.

Cuando uno de los miembros de la pareja comienza a no sentirse cómodo y confortable en la relación, puede ser que lo exprese a través de palabras o bien que lo actúe. Es decir, que esté de mal humor, que conteste de mal modo, que se aísle.

El diálogo se hace cada vez más difícil, generalmente no se habla, no se conversa: se discute y se grita. A veces hay insultos y faltas de respeto. La intolerancia está generalmente presente, al igual que la falta de paciencia. Viene a mi memoria en este momento lo que un paciente de 9 años me contó acerca de una discusión de sus padres: "Parece que papá y mamá se turnan para las mismas cosas, a veces mamá pregunta y pregunta y papá no le contesta o le dice cualquier cosa, y otras veces el que pregunta veinte veces lo mismo es mi papá y mamá se va por las ramas, no saben hablar, parece que no se escuchan. Parece que solámente se escuchan a sí mismos". Tal vez se sientan identificados con los dichos de este niño, que aunque parecía que no escuchaba las discusiones, estaba muy alerta, y sacó sus conclusiones.

En general, surgen en estas situaciones los gritos, los insultos, las lágrimas y los exabruptos. Aunque no siempre es así, existen muchas parejas que llegan a separarse habiendo podido expresar sus sentimientos, sus incomodidades y sus emociones, sin llegar tan frecuentemente a situaciones desagradables. Seguramente existen en todas las parejas que atraviesan esta situación muchos intentos por proteger a los niños. Algunas lo logran y otras no tanto.

Martín, de 10 años, dijo lo siguiente en una sesión en la que estaba dibujando: "Mi mamá y mi papá están medio mal", "¿Por qué lo decís?", le pregunto, "Porque hasta que nos vamos a dormir parece que está todo bien, pero raro, tirante, y a la noche se quedan gritando en voz bajita para que mi hermano y yo no escuchemos, pero yo lo escucho y se pelean, pero en voz bajita y dicen: «No, esto no va más, así no podemos seguir». ¿Te parece que se van a separar?".

De lo que ha dicho Martín, podemos rescatar dos temas: uno es el que se refiere al cuidado de los padres para que los niños no se enteren y, en segundo término, que los niños en general perciben lo que sucede entre papá y mamá más allá de los esfuerzos que realicen los adultos para que no se note.

Otro motivo frecuente de separación es que la infidelidad muchas veces es negada por el padre/ madre infiel. Josefina, de 13 años, escuchó una conversación entre sus padres en la cual el padre acusaba de infidelidad a su mujer. La madre negó todo y la discusión terminó agriamente. Luego la niña escuchó cómo su madre le contaba a una amiga lo que había ocurrido. Escuchó lo siguiente: "Luis se dio cuenta de que estoy saliendo con Fernando, se armó un lío terrible, después te cuento porque están los chicos por aquí". Imaginen lo que Josefina sintió en ese momento. Es muy difícil para un niño manejar este tipo de información, pues también para ellos se trata de un conflicto de lealtad para con sus padres.

Una manera de proteger a los hijos es tratar de evitar estas situaciones. A veces los adultos subestimamos a los niños, creyendo que no entienden, que no escuchan, que no les importa. Nos equivocamos, ellos están alertas y atentos a su entorno, aunque no lo parezca. Ellos miran a mamá y a papá con ojos muy perceptivos.

7

A modo de final:
el camino recién comienza

Por fin, llega el momento en el que las peores turbulencias ya pasaron. Ahora nos encontramos frente al divorcio como hecho consumado y frente a todo aquello que esto implica. Entonces, es preciso revisar qué fue lo que sucedió. Ustedes dirán: "¿Por qué ahora?". Porque nunca está de más reflexionar sobre los acontecimientos que nos tocó vivir. Conviene pensar en lo que pasó para elaborar lo sucedido, para comprender y, así, fortalecerse frente a uno mismo y a los niños. También, por qué no, para no repetir las mismas historias.

Esta no es una receta para que el dolor se vaya más rápido o para que el enojo desaparezca, al contrario. Pero reflexionar sobre lo sucedido los ayudará. A veces es conveniente buscar ayuda profesional, de alguien que los acompañe a pensar, que los comprenda y los guíe hacia el camino más seguro, que los ayude a encontrar cierta serenidad. Es hora de aprender a controlar el enojo, el dolor, la rabia hacia la ex pareja y hacia uno mismo, los reproches infinitos e interminables. Es hora de aprender a no quedarse con la búsqueda de un responsable: "fue culpa del otro", "fue culpa mía", "fue culpa de esa mujer". ¿A dónde lleva ese camino? Es inevitable que en algún momento se lo transite, pero es importante no quedarse estancado allí. Es preferible "atravesarlo" y seguir caminando. Por uno mismo y por los hijos. Recuerden que si ustedes están bien, los niños estarán bien.

Como repetí a lo largo de todo el libro, el proceso de separación es doloroso. Pero es posible atenuar el dolor en los niños. Para ello es preciso que los adultos aprendan a dejar de lado su propio dolor y, así, puedan mirar y sostener al hijo o a los hijos.

Ellos están viviendo una gran conmoción interior. Las dos personas más importantes y queridas de su vida se separan, ya no quieren estar juntas. Por eso sienten un gran dolor, el mundo entero cambió de un día para el otro y ya nada será como antes. La seguridad que les brindaba su familia está amenazada. No comprenden, les cuesta aceptarlo. Se niegan, se enojan, se culpan, se sienten responsables de lo que sucede. No saben qué hacer al respecto: reclaman, demandan, regresan a etapas anteriores de su vida en las que se sentían más felices.

Estas conductas y muchas otras no son más que la expresión de sus sentimientos. Los padres deberán prestarles atención, atender, comprender y sobrellevar. Es un proceso turbulento y lento, pero finalmente pasa y se aquieta. Tanto niños como adultos van acomodándose a la nueva realidad. Es necesario que los adultos elaboren la situación, pues de lo contrario para los niños será muchísimo más difícil.

Es común que los hijos necesiten ayuda de otras personas, ya sean familiares, amigos, instituciones escolares, o bien profesionales. Es positivo que los padres no pierdan de vista el hecho de que el divorcio es una situación traumática que hay que atravesar. No ayuda que alguien se quede estancado en el resentimiento, en el enojo, en la melancolía o en el reproche. Padres e hijos deben avanzar en la elaboración del duelo.

Recuerden que la vida sigue y los hijos los necesitan. El vínculo entre los cónyuges se ha roto, pero la tarea de padre y madre no se terminó en absoluto. Hay que reforzarla, más allá del propio dolor. Y si ustedes, que tanto aman a sus hijos, han llegado hasta este párrafo, indica que el tema les preocupa y los ocupa, seguramente tienen muchas posibilidades y deseos de salir adelante y sobrellevar la situación. Sólo hará falta que se lo propongan y comiencen a desear sentirse mejor. Aquí comienza la tarea de ustedes.

 **Paidós**

Si desea recibir regularmente información sobre las novedades de nuestra editorial, le agradeceremos suscribirse, indicando su profesión o área de interés a:

difusion@areapaidos.com.ar

Periódicamente enviaremos por correo electrónico información de estricta naturaleza editorial.

Defensa 599, 1° piso. Ciudad de Buenos Aires.

Tel.: 4331 2275

www.paidosargentina.com.ar